U0060026

大都會文化
METROPOLITAN CULTURE

大都會文化
METROPOLITAN CULTURE

改變的力量

Change to Be Better

前言

「天下不如意事，十常八九。」在生活中，事事如意、一帆風順是很少見的事。我們都有可能在學習上遇到困難，在工作中受到挫折，在生活上遭遇到不幸，或在事業上遭到失敗，但我們卻不能因此而卻步。

成功者在厄運和不幸面前，不屈服、不後退、不動搖，頑強地與命運抗爭，因而在重重困難中開拓一條通向勝利的路，成為掌握自己命運的主人與征服困難的英雄。而有的人在生活的挫折和打擊面前，垂頭喪氣，自暴自棄，喪失了繼續前進的勇氣和信心，於是成了庸人和懦夫。

任何逆境與挫折，都是最好的人生禮物。正面思考，把它當作人生成長的挑戰及給自己翻身的力量，給自己實現夢想的機會，也見證改變的力量。培根說：「好的運氣令人羨慕，而戰勝厄運則更令人驚嘆。」擁有衝破困境的勇氣是比運氣更令人羨慕與欽佩的，沒有一個人生而剛毅，但卻能因為勇於改變而培養出剛毅的性格。

我們不用神化強者，以為自己無法成為鋼鐵般堅強的人。其實，普通人所有的猶豫、顧慮、擔憂、動搖與失望等等，在每一個強者的內心世界中也都有可能出現。魯迅彷徨過，伽利略屈服過，哥白尼動搖過，但他們仍是堅強剛毅的人。

堅強與剛毅之間並沒有千里鴻溝，強者之所以是強者，全因為他們能改變自己的軟弱。當你感覺到自己再也堅持不下去的時候，別輕言放棄，試著改變用不同的方法去營造機會，轉變思路，調整心情，試著踏出改變的第一步吧！

改變的小技巧是，在實現主目標前先設定「次目標」，這樣會更容易完成主目標。因為當目標過於遠大，或理想過於高遠時，許多人會輕易放棄，這是很可惜的。如果設定「次目標」便可較快獲得令人滿意的成績，並逐步完成「次目標」，心理上的壓力也會隨之減小，主目標也會越來越近，總有一天能夠實現。

曾經有一位六十三歲的老婆婆從紐約市步行到了佛羅里達州的邁阿密市。經過長途跋涉，克服了重重困難，她到達了邁阿密市。在那有位記者採訪了她。記者想知道這路途中的艱難是否曾經嚇倒過她？她是如何鼓起勇氣徒步旅行的？老婆婆答道：「走一步路是不需要勇氣的。我所做的就是這樣。我先走了一步，接著再走一步，然後再一步，我就到了這裡。」

做任何事，只要你邁出了第一步，然後再一步步地走下去，你就會逐漸靠近你的目的地。如果你知道你的具體的目的地，踏踏實實地朝著人生的最高目標堅定地前進！只要願意開始，你將會感受到——改變的力量。

目錄

Part 3 改變只為精益求精

Part 4

改變慣性惡習

Part 5 改變理財逆境

Part 6 改變成就靈活處事

Part 7 改變寬以律己

Part 8 改變面對生命

Part 1

改變啟動創造力

創新引導成功

有些人做生意靠得是精打細算；而成功的人則懂得靠創新取勝。

故宮給人的印象是久遠的年代與典藏文化記憶之處，但卻充滿距離，和現代人生活相當遙遠，時下的年輕人對故宮提不起興趣，讓參觀故宮的人次銳減。當時的故宮館長林曼麗感受到故宮是藝術文化的大寶庫，古代最頂尖的藝術家、創作者，用當時最好的技術所產生的心血結晶都在故宮。因此，如何讓這些古老文物跟當代藝術家產生互動，激盪出更新的藝術作品，同時，讓古老文物活化，產生新的價值，都是她思考的方向。

林曼麗開始積極嘗試「活化」故宮收藏品，將原先無趣刻板的紀念品，升級成符合現代潮流的創意設計產品。她心想：「文化不論是新是舊，不論是東方或西方都是可以交流創新。」於是大膽的和義大利生活精品 ALESSI 合作。

二〇〇五年十月，國立故宮博物院與義大利設計品牌 ALESSI 簽訂合作意向書，開啟了台北與米蘭一年多來的設計對話，將乾隆皇的年輕畫像創造出吉祥物「Mr.Chin：清先生」，衍生設計一系列的生活精品，這些精品將在故宮以及全球五千多個 ALESSI 經銷點上市。

如今故宮不僅是遊客來台必訪的景點，附設的禮品部銷售更是收入來源。二〇一三年七月，從來跟「人氣」沾不上邊的台灣國立故宮博物院購物網站，首度因流量過大而當機，全因前推出印有康熙真跡「朕知道了」的紙膠帶。老博物館奪回年輕人目光，也賺取門票兩倍的收入。

故宮門票收入不到新台幣四億元。但販賣「創新」文創禮品部卻能年賺七點二億元，加上餐飲服務的收入，全年共入帳八點五八億元。

林曼麗注重創新，因此獲得了成功。

找回好奇心

成功的人喜歡思考，經常問「為什麼？」，而且對別人提出的問題也非常關注。

一九二一年，印度科學家拉曼在英國皇家學會上作了聲學與光學的研究報告後，從地中海乘船回國。在甲板上漫步的人群中，一對印度母子的對話引起了拉曼的注意。

「媽媽，這片大海叫什麼名字？」

「地中海！」

「為什麼叫地中海？」

「因為它夾在歐亞大陸和非洲大陸之間。」

「那它為什麼是藍色的？」

年輕的母親一時語塞，求助的目光正好遇上了在一旁聽著他們談話的拉曼。拉曼告訴男孩：「海水所以呈藍色，是因為它反射了天空的顏色。」

在此之前，幾乎所有的人都認可這一解釋。它出自英國物理學家瑞利勳爵，這位以發現惰性氣體而聞名於世的大科學家，曾用太陽光被大氣分子散射的理論解釋過天空的顏色，並由此推斷，海水的藍色是反射了天空的顏色所致。

但不知為什麼，在告別了那一對母子之後，拉曼總對自己的解釋心存疑惑，那個充滿好奇心的稚童；那雙求知的大眼睛；那些源源不斷湧現出來的「為什麼」，使拉曼深感愧疚。作為一名訓練有素的科學家，他發現自己在不知不覺中喪失了男孩那種到既有的「已知」中去追求「未知」的好奇心，不禁為之一震！

拉曼回到加爾各答後，立即著手研究海水為什麼是藍的，發現瑞利的解釋實驗證據不足，令人難以信服，決心重新進行研究。

他從光線散射與水分子相互作用入手，運用愛因斯坦等人的理論，獲得了光線穿過淨水、冰塊及其他材料時散射現象的充分數據，證明出水分子對光線的散射使海水顯出藍色的原理，與大氣分子散射太陽光而使天空呈現藍色的機理完全相同。進而又在固體、液體和氣體中，分別發現了一種普遍存在的光散射效應，被人們統稱為「拉曼效應」，為二十世紀初科學界最終接受光的粒子性學說提供了有利的證據。

一九三〇年，地中海輪船上那個男孩的問號，把拉曼領上了諾貝爾物理學獎的獎台，成為印度以及亞洲歷史上第一個獲得此項殊榮的科學家。

如果拉曼不在乎一個孩子提出的問題，就不會深入進行研究，直到得到滿意答案為止，也就不會有他今日的成就了。

做個思考者

最早完成原子核散射實驗的英國著名物理學家拉塞福，有一天晚上走進實驗室，當時時間已經很晚了，只見他的一個學生仍俯在工作台上，便問道：「這麼晚了，你還在做什麼呢？」

學生回答說：「我在工作。」

「那你白天做什麼呢？」

「我也工作。」

「那麼你早上也在工作嗎？」

「是的，教授，早上我也工作。」

於是，拉塞福提出了一個問題：「那麼這樣一來，你用什麼時間思考呢？」

這個問題問得真好！只有真正聰明的人才能夠提出這樣的問題。

拉開歷史的帷幕就會發現，古今中外凡是有重大成就的人，在其攀登科學高峰的征途中，都是留有一定時間來思考的。據說愛因斯坦相對論的建立，經過了「十年的沉思」，他說：「學習知識要思考、思考、再思考，我就是靠這個學習方法成為科學家的。」思想家黑格爾在著書立說之前，曾緘默六年，不露鋒芒。在這六年中，他以思考為主，鑽研哲學。哲學家認為，這平靜的六年，其實是黑格爾一生中最重要的時刻。牛頓從蘋果落地導出了萬有引力定律，有人問他這有什麼「訣竅」？牛頓說：「我並沒有什麼方法，只是對於一件事情作長時間熱情的思索罷了。」德國數學家高斯在許多方面都有傑出的貢獻，所以有人稱他為「數學王子」，而他則謙虛地說：「假如別人和我一樣深刻和持續地思考數學真理，他們也會有同樣的發現的。」

希臘哲學家蘇格拉底無疑是一個走在歷史前端的人，他是人類有史以來最早的思考者。在他的學生柏拉圖記錄的《對話》中，他深邃而清晰的思想永垂青史。在他的出生地雅典，作為一位著名的教師，他創建了自己的學院，並在數十年的時間裡，教授年輕人如何經由辨證的提問分析重要的問題，這就是名揚後世的「蘇格拉底法」。在七十歲高齡時，蘇格拉底被當政者視為製造麻煩的危險分子，因為根據他的教誨，學生們對統治者的權威產生了疑問，提出了很多令當政者難堪的問題，對他們的統治造成了極大的威脅。於是，統治者對蘇格拉底發出了最後通牒：離開他畢生生活的城市，永不回來，或者被處以極刑。蘇格拉底沒有選擇離開他熱愛的雅典以及他所創造的生活，而是選擇了死亡，當著他親人和朋友的面，蘇格拉底平靜地喝了一杯毒茶。他堅信離開雅典就會違背理性的道德，而他正是以此為基礎建立生活和教導學生。他寧願結束生命，也不願意犧牲他的信仰。臨死前，他說：「現在是我們分別的時候，我將死去，你們將活著。只有上帝知道哪一個更好。」

特別是在今天，我們都需要學會聰明的思考。作為思考者，需要具有活躍的、充滿活力的思想。一般來說，思考者具備以下特性：

⑴**寬容**：在討論中，認真聽取每一種觀點，對每一種觀點都給予認真和公平的評價。

⑵**有學識**：發表自己的看法時，以事實作為基礎。另一方面，如果對某件事還不太了解，要大方地承認。

⑶**思維活躍**：積極主動地運用智力來面對問題，迎接挑戰，而不是被動地應付局面。

⑷**好奇**：對問題喜歡刨根問底、深鑽細研，而不是滿足於蜻蜓點水。

⑸**獨立思考**：不怕與他人的觀點不一致，他們的立場都經過認真地分析，而非不加思量地跟隨他人的信仰，或輕易地隨波逐流。

⑹**善於討論**：以有條理和理智的方式對他人和自己的看法展開討論，即使大家對某些問題的看法分歧，也能認真地聽取相反意見，並在深思熟慮之後再談自己的看法。

⑺**有見識**：對問題的看法能一語中的，當別人在細節上糾纏時，能抓住問題的實質，

既見樹木，又見森林。

⑻**自我意識**：能意識到自己的偏見，並能在分析問題時，很快地自我反省糾正。

⑼**有創造性**：能打破思考的常規，以創新的方式解決問題。

⑽**熱情**：強烈地渴望了解和認識事物，總是努力把問題思考透澈。

讓思路反璞歸真

成功的人往往大智若愚，善於藏拙，返璞歸真，他們有時會像兒童一樣進行思考。

兒童一般都天真爛漫，他們不知道什麼可能和不可能，所以會問一些幼稚的問題，嚮往一些不可能的事情。成人一般都學乖了，他們以為自己知道什麼可能和不可能，所以不問愚蠢的問題，不嚮往不可能的事情。對孩子充滿好奇心的問題，成人草草一句「事情就是那樣」，就把他們打發了。其實，事情未必是「那樣」。

成人同樣會提出：為什麼看不到跟你講電話的人？為什麼人造皮革不及動物皮革輕柔、耐用和有彈性？為什麼不乾脆把人體缺損或致病的基因換掉？而這類「愚蠢」的問題，正是打開新的競爭空間的鑰匙。

瑞士工程師尼可拉斯・海耶克就問過這樣一個愚蠢的問題：瑞士既然是世界上品質最高的鐘錶生產基地，製錶商為什麼不能從精工錶和星辰錶這樣的日本對手手中，重新奪回低價鐘錶的市場呢？二十世紀八〇年代初，瑞士實際上已完全退出低價鐘錶市場。瑞士製造的低價錶占有率為零，中價錶占百分之三，精品錶則占百分之九十七。

一九八五年，尼可拉斯・海耶克購進了瑞士微電子設備與製錶公司的股權，成立

Swatch公司。該公司兩年前聽從海耶克的建議，合併瑞士最大但是瀕臨破產的的兩家製錶商。成立公司的想法，沒有經過精心財務分析，而是憑藉著重振瑞士鐘錶業的雄心壯志。

既然以此為目標，它所生產的低價錶，就一定要有亞洲競爭對手不易模仿的特色，即體現歐洲的人情味和智慧。起初，銀行都不願借錢給這一企業，因為他們認為，在勞動力成本高昂環境中運作的瑞士公司，不可能與擁有低成本亞洲資源平台的日本競爭。

然而尼可拉斯．海耶克有一個夢想：「每個孩子都相信夢想，他們問著同樣的問題：為什麼？為什麼事情是這樣子的？為什麼我們要以這個方式行事？我們每天也問自己這些問題。」

人們可能會笑瑞士一家巨型公司的總裁竟會講天方夜譚。可是那卻是他獲得傑出成就的真正奧祕所在。

海耶克的愚蠢問題「我們為什麼不能與日本人競爭」，需要一個聰明的回答。要想生產出一種款式新穎、平均售價四十美元的錶，就需要在設計、製造和銷售方面進行徹底革新。

Swatch公司極富創新精神的製造過程，將勞動成本削減到製造成本的百分之十以下，只及零售價格的百分之一。海耶克自豪地說，即便日本工人把他們的工時白白奉獻了，Swatch 照樣能賺取可觀的利潤。

日本東京大學地震研究所的寺田寅彥教授曾引用一位老科學家的話，講過如下一番道理：

人們常說：「要成為一名科學家，頭腦必須要聰明。」從某種意義上講，的確是這樣。另一方面，「科學家的腦袋還必須笨」，從某種意義上講，這也是對的。

乍看下，這是兩個截然相反的命題。實際上，它表現出一個事物既對立又統一的兩個不同面。為了不失去邏輯鏈條上的任何一個環節，為了在一片混亂中，不至於顛倒部分和整體的關係，這需要有正確而又縝密的頭腦。

處在眾說紛紜，可能性交織的岔路口時，為了認清應該選擇的道路，必須具有洞察未來的直觀能力。在這個意義上，科學家的頭腦確實要聰明。可是，要想從平常被人認為是極普通明瞭的事物中，從那些就連平常所說的頭腦笨的人也容易明白的日常小事中，找出它不可思議的疑點，提出為什麼，並極力闡明其原委，這對科學教育者自不待言，就是對於從事科學研究的人來說，也是特別重要、不可或缺的。在這點上，科學家必須是比一般頭腦笨的人更顯得不開竅和死心眼。

當你覺悟到人的腦力是有限的，把愚笨、赤裸的自身拋在大自然面前，又決心只是傾聽大自然的直接教誨，只有這樣才能成為科學家。正是因為如此，不能成為科學家的人也是理所當然的「聰明」。不言而喻，這是絕對需要正確嚴謹的觀察、分析和推理的。

培養創造性思維

創造性思維是開拓人類認識新領域，開創人類認識新成果的思考過程，創造性思維還可以從更廣泛的含義上去理解。創造性思維不僅表現為作出了完整的新發現和新發明的思維過程，而且還表現在思考的方法和技巧上，在某些局部的結論和見解上具有新奇獨到之處的思維活動。不只在科學技術領域中那些重大發明和發現的過程存在創造性思維，而且在人們的政治、軍事、經濟決策中、生產教育與藝術活動中，也處處存在創造性思維。創造性思維是聰明人經常採用的思維方式。

（1）養成思考習慣

在不斷的思考中鍛鍊與發展思維能力。我們知道，一般人的天資並沒有太大的差別，正如馬克思所說：「搬運夫和哲學家之間的原始差別，要比家犬和獵犬之間的差別小得多——他們之間的鴻溝是分工造成的。」人的思維能力在用腦的過程中形成與發展的。像體育鍛鍊可以增強身體素質，勤於動腦可以使大腦越來越發達，思維能力越來越強。中國清代的思想家唐甄說得好：「心，靈物也；不用則長存，小用之則小成，大用之則大成，變用之則至神。」因此，我們要注意養成凡事都要用腦筋想一想、培養問為什麼的習慣，不滿足於對事物的一知半解，不滿足於接受與記憶現成的結論。只有這樣，腦子才能越用越靈光。

（2）克服盲從心理

「槍打出頭鳥」、「利刀子先鈍」這類「名言」每個人都很熟悉。這種中庸之道自古到今都相當盛行。

社會心理學家所羅門・艾許(Solomon Asch)做過這樣一個實驗。他找來七名大學生坐在一起，請他們判斷兩張卡片上的線段長度。第一張卡片上畫著一個「標準線段」，其餘的每張卡片上畫著三個線段，其中只有一個線段與「標準線段」長度相等。艾許要求大學生們找出其餘卡片上與「標準線段」長度相等的線段，並且按照座位順序說出自己的答案。

其實，那七位大學生中，只有倒數第二位是蒙在鼓裡的受試者，其餘六位大學生事先已經串通好了，他們的答案保持一致，但答案的三分之二都是錯誤的。以此來測試那位受試者在多大程度上不受周圍人的影響，堅持自己的正確答案。

實驗的結果是，有百分之三十三的受試者屈服於群體的壓力而說出了錯誤的答案。

有趣的是，不但人類有盲目順從的傾向，其他的群居類動物也都有此習慣。有一種奇怪的蟲子叫列隊毛毛蟲，這種毛毛蟲喜歡排成一排，如隊伍般行走。走在最前面的那一隻負責行進的方向，後面的只知道緊跟著前面的毛蟲行走。生物學家法布爾曾利用列隊毛毛蟲做一個有趣的實驗：誘使領頭毛毛蟲延一個大花盆繞圈。這樣，整個毛毛蟲隊伍就無始無終，每個毛毛蟲都可以是隊伍的頭或尾。每個毛毛蟲都跟著他前面的毛毛蟲，周而復始。直到幾天過後，毛毛蟲都被餓暈了，從花盆邊緣掉了下來。

毛毛蟲的失誤在於失去了自己的判斷，盲目跟從，進入了一個循環的漩渦，直到耗盡自己的生命。

思維上的順從趨勢，使得個人有一種歸宿感和安全感，能夠消除孤單和恐懼等有害心理。另外，隨波逐流也是一種比較保險的處世態度，你想，自己跟隨著眾人，如果說得對、做得好，那自然會分得一杯羹；即使說錯了、做得不好也不要緊，無需自己一人承擔責任。

大原總一郎是日本一家紡織公司的董事長，他的父親常對他說：「一項新事業，在十個人當中，有一兩個人贊成就可以開始了；有五個人贊成時，就已經遲了一步；如果有七八個人贊成，那就太晚了。」

當我們面對問題時，如果一味地順從大眾意見，自己不動腦筋，我們就很難獲得成功。

（3）大膽「胡思亂想」

想像力能使不可能的事物變為現實。拿破崙說過：「想像支配人類。」想像力，是人的偉大之處。

人的創造範圍完全是由人對自己的想像和認識所決定的。創造力是讓人去「胡思亂想」，想那些常人不敢想的，做常人認為怪異而不敢做的事情。開始時也許是空想，但如果你能全力以赴且持之以恆地去奮鬥，也許理想會變成現實，這對個人發展、事業的進取將產生很大的影響。美國著名心理學專家丹尼爾・高曼(Daniel Goleman)說：「要想在事業上有所成就，將以有無創造性思維的力量來論成敗。」而作為決定創造範圍的想像力就當然顯得很重要了。

看過《福爾摩斯探案全集》的讀者，應該記得福爾摩斯在遇到各種稀奇古怪的案件時，如何施展他的想像力。他往往是藉由仔細觀察後得到的線索來進行想像，有很多是常人所不能想到的，然而福爾摩斯卻突破常規，大膽進行想像，最後根據想像進行追查，出人意料地破案。福爾摩斯在總結他的破案經驗時曾對華生說，警察們老破不了案，就是因為他們缺少想像力。福爾摩斯的破案方法至今仍然是許多警察學校的必修內容。

假如我們看到七條菜蟲蜷曲著身子從斜面滾下去，普通的聯想頂多認為菜蟲找到一個很好的逃避方式；但放開一步聯想，我們很快就能想到輪子，再放開一步，也許我們會聯想到人類可以利用一個球形的充氣囊從懸崖上往下跳；如果作無限制的聯想，我們甚至可以去想菜蟲滾動的軌跡可能與某一個行星的公轉軌跡相似，或者氣候的變遷使得菜蟲採取了這種姿勢的蜷曲與滾動。當然，想像力可以無邊無垠，但最終都要回到正在學習的內容或正待解決的問題。你需要記住的是，無論你的想像多麼荒誕不可理喻，只要有助於解決問題或者能激發絕妙創意，那麼你就採取了正確的做法。當愛因斯坦思考相對論時，他正在做著白日夢，幻想著自己正騎在一束光上，做著太空旅行，然後思考：如果這時在出發地有一座鐘，從我坐的位置看，它的時間會怎樣流逝呢？這樣做並不複雜，我們何不也嘗試著做做看呢？

（4）提出建設性的問題

世界著名的日本本田汽車公司，善於用提問創造思維法來找出問題的最終原因，從而使問題得到根本的解決。

有一天，一台生產配件的機器突然停擺。管理者立即把大家召集起來，進行一系列的提問來解決這個問題。

問：機器為什麼不轉動了？

答：因為保險絲斷了。

問：保險絲為什麼會斷？

答：因為超負荷而造成電流太大。

問：為什麼會超負荷？

答：因為軸承乾澀不夠潤滑。

問：為什麼軸承不夠潤滑？

答：因為供油幫浦吸不上來潤滑油。

問：為什麼供油幫浦吸不上油？

答：因為供油幫浦產生了嚴重的磨損。

問：為什麼供油幫浦會產生嚴重磨損？

答：因為供油幫浦未裝過濾器而使鐵屑混入。

在上面的提問中，主要用「為什麼」進行提問，連續用了六個「為什麼」使問題從根本解決。當然，實際問題的解決過程中並不會像上面敘述的那麼順利，但主要的思路是這樣的。

在這些提問中，若當第一個「為什麼」解決後就停止追問，認為問題已經解決，於是換上保險絲。但是不久保險絲還會斷，因為問題沒有得到根本解決。所以在使用提問法來解決問題時要做到「追根究柢」，才能使問題得到根本的解決。

（5）鍛鍊列舉事物缺點的能力

列舉缺點以創造思維，這種方法關鍵在於找出對應事物或問題的缺點，從缺點入手，以創造性的方法來解決問題。

列舉缺點，實際上就是指我們在工作、生活、學習中不斷地主動去發現問題、發現缺點，改善周圍的事物。這就要求我們在工作、生活、學習中做「有心人」，多追求完美，而不能用「將就」和「湊合」的態度來對待事物，否則就會失去創造新事物的動機而失去創造的機會。

走進商店，我們就能發現貨架上的商品不停地更新。電視、自行車、保溫杯、衣服等等，這些日常用品在使用中會不斷被人發現缺陷，明智的廠家會根據這些缺陷對產品不斷地進行改進。

改變既定思考路線

一個小男孩在他的小沙坑裡玩耍，沙坑裡有他的玩具小汽車、敞篷貨車、塑膠水桶和塑膠鏟子。

當小男孩在鬆軟的沙堆上修築「公路」和「隧道」的時候，他在沙坑的中間發現了一塊巨大的石頭，阻擋了他的「工程」建設。於是，小男孩開始挖掘石頭周圍的沙子，企圖把石頭從沙子中弄出去。雖然石頭並不算大，可是對於小男孩來說已經相當大了。小男孩手腳並用，費了很大的力氣，終於把大石頭挪到了沙坑的邊緣。不過，他發現自己根本沒有力氣把大石頭搬出沙坑外。

但是，小男孩下決心要把大石頭搬出去，於是他左搖右晃地用肩拱，用手推著大石頭，一次又一次地努力。可是，每當剛剛有一點兒進展時，大石頭就又滾回原處。最後一次努力時，大石頭滾回來砸傷了小孩的手指頭。

小男孩終於忍不住大哭起來。其實，這件事的整個過程都被小男孩的父親透過客廳的窗戶看得一清二楚。就在小男孩哭泣時，父親來到小男孩的面前，溫和地對他說：「兒子，你為什麼不用盡你所擁有的全部力量呢？」小男孩十分委屈地說：「但是，我已經用盡我的全部力量了。」「不對，兒子。」父親親切地說，「你並沒有用盡你所擁有的全部力量，你並沒有請求我的幫助啊。」說完，父親彎下腰，抱起那塊大石頭，把它搬出了沙坑。

當感到自己再也堅持不下去的時候，不要一味蠻幹或輕易放棄，可以試著轉變一下思路，嘗試其他的方法，或者向別人求教或求助。

（1）抓出問題關鍵

有這樣一則笑話：動物園裡新來了一隻袋鼠，牠被關在一片由一公尺高的木欄圍著的草地上。第二天一早，袋鼠的飼養員來照看牠時，發現袋鼠正在木圍欄外面的灌木叢中蹦蹦跳跳，於是他趕忙把牠捉了回來，然後把木圍欄的高度加到兩公尺。第三天早上，當飼養員又來給袋鼠餵食時，他發現袋鼠還在木圍欄外面玩耍。他氣壞了，心想這隻袋鼠太淘氣了，便又把袋鼠捉了回來，然後把木圍欄的高度增加到三公尺。

袋鼠圍欄的旁邊是長頸鹿的圍欄，裡面的長頸鹿問袋鼠說：「依你看，你的飼養員要把圍欄加高到多少公尺呢？」袋鼠回答說：「不好說，也許五公尺，也許七公尺，也許一百公尺。關鍵是要看他什麼時候能記得把圍欄的門鎖上。」

看事情只注重表面，自然會得出錯誤的結論。本質不變，再改變外表也是徒勞。在解決問題的時候，要極力避免犯「治標不治本」的錯誤，抓住關鍵，「釜底抽薪」，「一步到位」。

（2）不依靠鑰匙開門

有位富翁有兩個兒子。隨著時間流逝，富翁逐漸年老。這些日子富翁一直在苦苦思索，到底讓哪個兒子繼承遺產？富翁遲遲做不了決定。想起自己白手起家的青年時代，他忽然靈機一動，找到了考驗他們的好辦法。

他鎖上宅門，把兩個兒子帶到一百里外的城市裡，然後給他們出了個難題，誰答得好，就讓誰繼承遺產。

他交給他們一人一串鑰匙和一匹快馬，看他們誰先回到家，並把宅門打開。

馬跑得飛快，所以兄弟兩個幾乎是同時回到家的。但是面對緊鎖的大門，兩個人都很苦惱。

哥哥左試右試，苦於無法從那一大串鑰匙中找到最合適的那把；弟弟呢，則苦於沒有鑰匙，因為他剛才只顧著趕路，鑰匙不知什麼時候掉在路上。兩個人急得滿頭大汗。

突然，弟弟靈機一動，他找來一塊石頭，幾下子就把鎖砸開，順利地進去了。自然，繼承權落在了弟弟手裡。

哥哥不服氣，但是父親的一番話讓他心服口服：「人生的大門往往是沒有鑰匙的，在命運的關鍵時刻，人最需要的不是墨守成規的鑰匙，而是一塊砸碎障礙的石頭！」

用鑰匙開門是誰都能夠想到也很容易做到的事，但能夠轉化一下思路，不依靠鑰匙開門，成功就在眼前。

（3）作出最佳選擇

有這樣一則寓言：牧場上，一頭毛驢要吃草，在牠左右兩邊各放著一堆青草。豈料，毛驢陷入兩難，先吃這一堆還是先吃那一堆呢？最後毛驢在猶豫不決中餓死了。

《聊齋誌異》中的一則故事更耐人尋味：兩個牧童在深山老林中，發現兩隻幼狼。他倆各抱一隻分別爬上大樹，兩樹相距數十步。片刻，老狼來尋子。一個牧童在樹上掐小狼耳朵，弄得小狼嚎叫連天，老狼聞聲奔來，氣急敗壞地在樹下亂抓亂咬。此時，另一棵樹上的牧童捏小狼的腿，這隻小狼也連聲嚎叫，老狼又聞聲趕去……就這樣老狼不停地奔跑於兩棵樹之間，終於累得氣絕身亡。

驢餓死，狼累死，其原因是共同的：不會選擇。人也一樣，一生中的每時每刻，其實都是在選擇中度過的。成功的人喜歡選擇，不但能作出正確的選擇，更能夠作出最佳的選擇！

Part 2

改變帶來機會

把握每次機會

曾有人問皮爾・卡登他是如何成功的？他很坦率地說：「先有設想，而後付諸實踐，又不斷進行自我懷疑。這就是我的成功祕訣。」

生於一九二二年七月的皮爾卡登，十四歲那年他走過公園的裁縫店，就被櫥窗中各類設計的服飾吸引，他推門而入，自我推薦的希望能在裁縫店工作，店主被這個充滿活力和熱情的孩子感動了，答應讓他在店中當學徒。

做了三年的學徒後，他轉到紅十字會擔任會計工作。這個工作讓他獲得經營的概念，對他之後創建他的服裝王國有很大的幫助。這時的皮爾卡登雖然生活穩定，但他並不滿於現狀，決定追隨一位為電影「美女與野獸」設計面具和戲服的設計師約翰馬林學習相關經驗，經過兩年再轉往高級時裝的路線發展，並曾先後和夏帕瑞麗及迪奧等人學習。由於他勤奮好學，很快便掌握了從設計、裁剪到縫製的全過程，同時也確立了自己對時裝的獨特理解。他認為，時裝是「心靈的外在體現，是一種和人聯繫的禮貌標誌」。在巴黎大學的門前，一位年輕漂亮的女大學生引起了皮爾・卡登的注意。這位少女雖然只穿了一件普通的洋裝，但身材苗條，胸部、臀部的線條十分優美。皮爾・卡登心想：這位姑娘如果穿上我設計的服裝，一定會更加光彩照人。於是，他聘請二十多位年輕漂亮的女大學生，組成了一支業餘時裝模特兒隊。

後來，皮爾・卡登在巴黎舉辦了一次別開生面的時裝展示會。伴隨著優美的旋律，身穿各式時裝的模特兒陸續登場，令全場觀眾耳目一新。時裝模特兒的精彩表演，使皮爾・卡登的展示會獲得了意外的成功，巴黎幾乎所有的報紙都報導了這次展示會的盛況，訂單像雪片般飛來。皮爾・卡登第一次體驗到成功的喜悅。

在服裝業中取得輝煌的成功之後，皮爾・卡登又把目光投向了新的領域。他在巴黎創建了「皮爾・卡登文化中心」，裡面設有電影院、畫廊、工藝美術拍賣行與歌劇院等，成為巴黎的一大景觀。

巴黎的一家「馬克西姆」餐廳瀕臨破產。這家餐廳建於一八九三年，歷史悠久，當店主打算拍賣時，美國、沙烏地阿拉伯等國家的大財團都有意購買。皮爾・卡登不想讓法國歷史上有名的餐廳落到外國人手上，於是他用一百五十萬美元的高價，買下了馬克西姆餐廳。

皮爾・卡登將到餐廳用餐提高到一種生活享受的程度，不僅讓客人品嘗到馳名世界的法式大餐，同時也讓客人享受到「馬克西姆」高水準、有特色的服務。經過皮爾・卡登的精心調治，三年後，馬克西姆餐廳竟然奇蹟般地復活了。它不僅恢復了昔日的光彩，而且影響波及全球。

從一個小裁縫走向億萬富翁，皮爾・卡登創造了一個商業王國的傳奇。而所有這一切都是他用每天工作十八個小時的代價換來的。「我的娛樂就是我的工作！」在皮爾・卡登的那間綠色辦公室裡，有一個地球儀，這個沒有時間娛樂的大師也許可以從中數清楚他的帝國在地球上有多少個點。他從中感到了一種巨大的滿足，一種生活的樂趣。

皮爾・卡登目光遠大，善於控制約束自己，以苦為樂，終於取得了傲人的成績。

傾聽內心的聲音

幾十年前，一位青年住在美國猶他州的首府鹽湖城，靠近大鹽湖。

他是一個勤勉的人，工作非常努力，生活非常節儉，他的所有朋友都對他的良好習慣讚不絕口。然而有一天，他做了一件反常的事，使得許多人都懷疑他的判斷是否明智。

他從銀行裡取出他的全部積蓄——一共有四千多美元——到紐約市汽車展銷處，買了一部新車。更令人意外的是，當他把新車開回家後，就把車開進他的車庫裡，頂起四個車輪，動手拆卸汽車，一件一件地拆，直到整個車庫擺滿七零八落的汽車零件。他仔細地檢查了每個零件，然後又把汽車裝好。人們覺得他簡直瘋了，而他卻多次拆卸汽車，再把汽車裝好。百思不解的人們開始嘲笑他。

幾年後，那些嘲笑過他的人不得不改變看法——他是一個聰明人！這個反覆動手拆裝汽車的青年就是華爾特．波爾斯．克萊斯勒（Walter Percy Chrysler）。他製造的汽車領導了整個汽車工業，並且改進和革新。終於，他成功了。

每件存在的事物在開始時只是一個想法。

當你有許多偉大的想法，只需要讓你頭腦中的雜音沉寂下來，靜靜地傾聽。沒有人知道，今天的一個偉大想法或主意將走得多遠，或者，明天它將觸及何人。發人深省的思想創造發人深省的夢想。

幾乎所有成功的故事皆始於一個偉大的想法，這個想法滋養著人的信念。而許多擁有成功故事的人物，面對的是最大的逆境。成功意識戲劇性地把一個極普通的青年推入正在成長中的汽車工業浪潮中，並且把他高高地推到浪尖上，使他用新觀念領導他的整個領域。克萊斯勒的「瘋狂」中蘊含著一種目的、一種方法。他的「確定的目的」有效地培養了他的成功意識，使他大膽開拓，走向成功的巔峰。

■時機何在？

一個人是否具有競爭力就看其是否善於抓住迎面而來的機會。成功的人總是善於抓準時機，他們特別重視從以下幾個方面：

（1）認識時機

運動場上，抓住時機，則金牌垂胸；疆場對陣，抓住時機，則贏得勝利。英雄是時代的產物，但是在同一時代、同樣條件下，不同的人發揮的作用有時會有天壤之別，除了其他條件之外，關鍵在於能否認清並抓住機會，只有當人們在了解時勢造英雄之後，才能取得成果。當達爾文了解到進化論學說「一旦普遍被採納以後，我們就可以隱約地預見在自然史中將掀起重大的革命」，「一片廣大而尚無人跡的研究領域將被開闢」，之後，他選擇這一目標，並付出了幾十年的心血，終於取得顯著的成果。

（2）看準時機

聰明人知道，看準時機是成功的真諦。曾有人問著名演員查爾斯・科伯恩（Charles

Coburn)：「一個人如果想要在生活中獲得成功，需要的是什麼？大腦？精力？還是教育？」

查爾斯搖搖頭，「這些東西都可以幫助你成功。但是我覺得有一件事甚至更為重要，那就是：看準時機。」他解釋說，演員在舞台上，是行動或者按兵不動，或是說話或者緘默不語，都要看準時機。「在舞台上，每個演員都知道，把握時機是最重要的因素。我相信在生活中它也是個關鍵。如果你掌握了審時度勢的藝術，在你的婚姻、你的工作以及你與他人的關係上，就不必去追求幸福和成功，它們會自動找上門來的！」

（3）尋找時機

認識自己是認識機會的先決條件。有志於做一番事業的青年人，都渴望在社會中實現自身的價值。我們日常所說的確定奮鬥目標，實際上就是依據自己的價值觀念，考察自身價值到底在哪一領域中才能得以最充分的展現，從而確定自己的最佳發展方向。這一考察過程當然需要學識與經驗，然而，更需要的卻是勇氣——有敢於面對人生、敢於無情地解剖自己、敢於對自己講真話的勇氣。

人的一生，總是有幾個大的轉機的。大的轉機，必有大的變化；沒有大變化，也就沒有大的發展；想有大發展，就要善於抓住時機。哲學家培根說過：「能夠促成自己幸運的人，只有他自己。」

他還說過：「幸運的機會好像銀河，它們作為個體是不顯眼的，但作為整體卻光輝燦爛。」只有像聰明人一樣抓住一個個「不顯眼」的時機，才能獲得光輝燦爛的成功。

（4）把握時機

「愚蠢的人等待機會，聰明的人創造機會」。時機雖受各種因素的綜合影響，但無論如何，有一點是可以肯定的：經過個人的努力，時機是可以把握的。美國有位學者曾通過對奧林匹克運動員、總經理、航員、政府首腦以及其他獲得成功者的多年探訪，逐漸認識到成功絕非因為特權環境、高智商、良好教育或異常天賦的結果，同樣也不是一時走運，而是由於他們對自己的行為負責；認識自己的才能，追求自己的目標；迎接挑戰，適應生活。他把這三點稱之為「成功者的優勢度」，是成功者與普通人之間存在著的一種微妙的差別。

有的人天賦甚高，卻恃才自傲而缺乏行動，喪失了不知多少成就事業的良緣。有的人在一時走運、初見成果後，便陶醉於快樂而忘記把握更多的機會，終究難成大器。唯有那些創造奇蹟之後，忘記快樂，仍清醒地面對和選擇無限的可能性的人，才能成就大事。

（5）創造時機

經常聽到一些人埋怨機會不佳、命運不公，總覺得自己碰不到機會。每每看到別人的成功，總是歸結為「運氣好」，實際上，機會對每一個人都是公平的。凡是成大功、立大業的人，往往不是那些幸運之神的寵兒，反而是那些「沒有機會」的苦命孩子。

在人類歷史中，沒有一件事比人們從困苦中成就功名的事例更為吸引人了——人們怎樣從黑暗的夜晚達到光明？怎樣脫離痛苦、貧困？他們雖只有中等之資，但由於堅強的意志、不斷地努力而終於達到目的。

亞歷山大在攻克了敵人的一座城市之後，有人問他：「假使有機會，你想不想把第二個城市攻占了？」

「什麼？」他怒斥，「我不需要機會！我可以製造機會！」

「沒有機會」永遠是那些失敗者的藉口，失敗者會告訴你，自己之所以失敗，是因為得不到像別人那樣好的機會——因為沒有人幫助他們，沒有人提拔他們。他們也會對你說：「好的職位已經額滿了，高等的職位已被霸占了，所有的好機會都已被他人捷足先登，所以我們是毫無機會了。」

請告訴自己：沒有機會也要創造機會！

第二次世界大戰的硝煙剛剛散盡，以美英法為首的戰勝國幾經磋商，決定在美國紐約成立一個協調處理世界事務的聯合國。一切準備就緒之後，大家才發現，這個全球至高無上、最具權威的世界組織，竟沒有立足之地。

剛成立的聯合國想要買塊地皮卻因身無分文而束手無策。況且剛剛經歷了二次世界大戰的浩劫，各國政府都財庫空虛，甚至許多國家財政赤字居高不下。聯合國對此一籌莫展。

聽到這一消息後，美國著名的家族財團洛克斐勒家族經過商議，果斷出資八百七十萬美元，在紐約買下一塊地皮，將這塊地皮無條件地贈予聯合國。同時，洛克斐勒家族亦將毗連這塊地皮的大面積土地全部買下。

對洛克斐勒家族的這一出人意料之舉，許多美國大財團都吃驚不已，八百七十萬美元，對於戰後經濟萎靡的美國和全世界，都是一筆不小的數目呀！而洛克斐勒家族卻將它拱手贈出了，並且什麼條件也沒有。這條消息傳出後，美國許多財團和地產商都紛紛嘲笑說：「這簡直是蠢人之舉。」並紛紛斷言：「這樣經營不用十年，著名的洛克斐勒家族財團，便會淪落為洛克斐勒家族貧民集團。」

出人意料的是，聯合國大樓剛建成完工，毗鄰它四周的地價便立刻飆升，漲幅相當於捐贈款數十倍、近百倍。巨額財富源源不斷地湧進洛克斐勒家族財團，這種結局令那些曾譏諷和嘲笑過洛克斐勒家族捐贈之舉的商人們目瞪口呆。

其實有許多時候，贈予也是一種經營之道。有捨有得，只有捨去，才能得到。「善於權衡大小，注重長遠利益，不爭一時的得失」正是聰明人的特徵，他們也常常因此為自己創造出更多的機會。

作出明智決斷

成功者懂得，決斷並非一意孤行的「盲斷」，也非逞一時之快的「妄斷」，更非一手遮天的「專斷」。決斷除了要有客觀的事實根據、見解高超的預見性眼光外，同時更要有決心與魄力。人生充滿了選擇，不管是讀書、創業或婚姻，我們總要在幾個可供選擇的方案中，作一賭注式的決斷。對於我們所選擇的結果究竟是好是壞，也往往沒有明確的答案。機會難得，想再回頭重新來，是絕不可能的。因此，我們可以說：決斷是能否贏得各種考驗的關鍵。

（1）英明的決斷是抓住機會的保障

凡是成功立業者，在其人生的旅途中，很少有能一步登天的。他們憑藉著機智與眼光，在充滿困難與挫折、失敗的環境中作出扭轉乾坤的決定，終於柳暗花明，攀登上事業的頂峰。

傳說中「機會之神」全身赤裸，滑溜溜的很不容易抓住，只是他光禿禿的頭上有一小撮頭髮，人們僅有在他轉身的瞬間，及時抓住他的頭髮，才能把他留下。

其實，上天並未特別眷顧那些抓住「機會之神」的幸運者，只不過他們聰明、頭腦靈活、用心良苦，一再對問題苦思對策，因而參悟玄機，獲得「機會之神」的青睞。

（2）必須有獨到的見識

一般而言，創業者所面臨的問題都是多元的。單純的問題或是例行公事，只要有相當的常識與經驗，就可駕輕就熟，妥善地加以處理。至於錯綜複雜、牽涉較廣的問題，除了要具備專業素養外，更要有整體的策略性思考。既不能被眼前的壓力所懾服，又不被利害關係所迷惑，而要秉持公平、客觀的態度，作應有的理性分析。因此，有自己獨到的見識相當重要。

在台灣的土地上，天仁茗茶創業已有三十多年。當年，李瑞河先生為了選擇開業的地點，曾花了一番心思。有人建議他在台南縣的佳里鎮、麻豆鎮開業，因為此地尚無茶莊，競爭壓力小，容易捷足先登。李瑞河先生對此事一時也拿不定主意。

就在他舉棋不定之際，有一天，他到麻豆、善化一帶了解市場，傍晚時分回到台南市，正好路過天仁兒童樂園，他就到園內涼亭休息，心裡還在盤算著何處開業的問題，很是憂煩。突然間，他眼前一亮，看到一個「奇特」的景象：很多人擠在花園旁的小魚池釣魚，旁邊另一個大池卻只有兩三個人，顯得非常冷清。

原來大池魚少，小池魚多，儘管大家拚命擠在小魚池，但卻不斷有人釣到魚。他於是聯想到之所以台南市有那麼多的茶莊，台南縣各鄉鎮反而那麼少，道理極其淺顯。因為都市居民消費能力強，喝茶的風氣盛行，加上幾家茶行的釣餌部署已久，自然聚集相當多的茶客。而麻豆、佳里鄉仍然充滿著農村社會的生活習慣，他們都不講求奢侈的喝茶享受。

由於釣魚池的啟示，他不再遲疑，信心十足地踏出事業的第一步，果然一鳴驚人。基於這種成功的經驗，以後他都選大城鎮的繁華地區開設分店，開創了台灣連鎖經營的先河。

由此可知，李瑞河先生具有卓越的研究判斷功力，這正是奠定他成功的基礎。

（3）必須有過人的見解和魄力

人的見識愈高愈遠，就愈會有曲高和寡的現象，尤其是一般人常滿足於現狀，陶醉於既有成就的美夢中，任何太激進的做法都會被視為異端，遭到反對。這時如果想力排眾議，斷然掃除人為的障礙，就必須具有膽識和實踐能力。

日本三洋電機的創辦人井植歲男，生前常說的一段話頗值得我們深省，這段話道出決策者獨具慧眼。他說：「以自己經營事業的立場去觀察事物，或者去思考事物的話，則事業是不會有所突破的，應該站在更高一層來觀察事物。」

井植當初毅然離開松下，另起爐灶，投入市場已過度飽和的車燈業，但他卻口出驚人之語，立誓在幾年內建造一家年產兩百萬個車燈的工廠。然而事實上，當時的十六家工廠所生產的十萬個車燈都銷售不了。

原來井植看到當初大多數的日本人都以自行車代步，如果沒有車燈，夜晚行車將很不方便，所以他斷定車燈將成為必需品。再者，車燈市場小是因為產量太少，沒有成為規模化生產，以致價格太高，消費者駐足不前，市場因而打不開。

後來，果然在井植建廠四年之後，生產兩百萬個車燈的目標就輕易達到了。

（4）立場超然，當局者不迷

人是感情的動物，中國社會尤其講究人情關係。身為創業者若是擺脫不了人情的包袱，而身陷人事漩渦時，決斷則常有偏差。

我們常說：「當局者迷，旁觀者清。」意指當事人因得失心太重，無法凌空冷眼旁觀，以致失去「平常心」的素養。既已患得患失，自然無法從「高處、大處、遠處」等層面來做決策。「目光如豆」的人，怎會有令人佩服的明快決斷呢？

有一則寓言故事，記述某商人故意將一本《下棋必勝法》裝在用梧桐木精製的盒子裡，然後高價求售。有一位好棋者，不惜花高價購買回來，小心翼翼地打開它，豈料書中只寫幾個字：「下棋時要經常保持比對方更超然的立場。」

這一則寓言昭示了決策者要以大局為重，若能放棄私心，以第三者的客觀立場來看事情，處事自能了無牽掛，決策必然高明。而性格豁達、處世超然正是成功者的特徵。

（5）反面思考尋求最佳決斷

成功者懂得，決策僅僅依靠自己的精明和聰明是不夠的，決策者應該是集「眾智」的人。儘管他做決策要有相當的魄力，但他絕不能專斷與獨斷，而應集思廣益，甚至多聽反對者的意見。

美國通用汽車公司總裁史隆就常從「反面」思考來尋求最佳決斷。據說他曾在一次高級管理人員會議中說：「諸位先生，我們對這項決策似乎已有一致的看法。」只見出席會議的成員紛紛點頭，表示同意。但是他接著說：「現在，我宣布會議結束，此問題延擱到下次會議再行討論。但我希望下次會議能聽到『相反』的意見，或許這樣，我們才能做最後的決策。」

史隆的做法是少有的，但也是可貴的，因為正確的決策來自正反不同的意見。先有「結論」是經不起「事實」考驗的，唯有掌握充分的信息與客觀的事實，才能下最後的決斷。

羅斯福總統也是此道高手，每遇重大事件，他總是先讓一位助理去研究，並囑咐他千萬不可洩密。然後，他又邀請與該助理意見相左的其他助理去研究同樣的問題，當然，他也要求他們保守機密。這樣，羅斯福不受左右的任意擺布，他能很客觀地從各個角度考慮問題。自然，他的決策水平是一流的。

■機會就在行動裡

有一位名叫西爾維亞的美國女孩，從中學開始，就一直夢寐以求地想當電視節目主持人，她覺得自己具有這方面的才幹，因為每當她和別人相處時，即使是陌生人也都願意親近她並和她長談，她知道怎樣從人家嘴裡「掏出心裡話」，所以她常說：「只要有人願意給我一次電視機會，我一定能成功。」而她的朋友也稱她是「親密的隨身精神醫生」。

但是，西爾維亞為了達到這個理想，做了些什麼呢？什麼也沒有！西爾維亞的父親是波士頓有名的整形外科醫生，母親在一家著名的大學擔任教授。她認為自己在家庭的幫助和支持下，就有機會能實現自己的理想，於是她在等待奇蹟出現，希望一下子就當上電視節目的主持人。

西爾維亞不切實際地期待著，結果什麼奇蹟也沒有出現。

誰也不會請一個毫無經驗的人去擔任電視節目主持人，而且節目的主管也沒有興趣跑到外面去搜尋天才，都是別人去找他們。

另一個名叫辛蒂的女孩卻實現了希爾維雅的理想，成為一位著名的電視節目主持人。

辛蒂之所以會成功，就是因為她知道「天下沒有白吃的午餐」，一切成功都要靠自己努力去爭取。她白天打工，晚上在大學的舞台藝術系上夜校。畢業之後，她開始謀職，跑遍了洛杉磯每一個廣播電台和電視台，儘管每個經理對她的答覆都差不多：「沒有經驗的人，我們是不會僱用的。」但是，她不願意退縮，也沒有白白等待，而是走出去尋找機會。

她一連幾個月仔細閱讀廣播電視方面的雜誌，最後終於看到一則招聘廣告：北達科塔州有一家很小的電視台招聘一名預報天氣的女孩子。辛蒂是加州人，不喜歡北方，但是有沒有陽光、是不是下雨都沒有關係，她希望找到一份和電視有關的職業，做什麼都行！她抓住這個工作機會，動身去北達科塔州。辛蒂在那裡工作了兩年，回到洛杉磯的電視台得到了第二份工作，經過五年，她終於得到提拔，成為夢想已久的節目主持人。

為什麼希維雅失敗了，而辛蒂卻如願以償呢？分歧點就是：希維雅在十年當中，一直停留在幻想之中坐等機會；而辛蒂則是採取主動，最後終於實現了理想。

■切勿多疑

當時，拿破崙的海軍已堪稱強大，但這些艦船大都是木製結構的，航行基本上靠風帆作動力。而他的對手英國人，卻早已用上了蒸汽驅動船，這使拿破崙與英軍統帥納爾遜對陣時，常常感到英雄氣短。拿破崙在此之前已經聽說傅爾頓的蒸汽船在塞納河上演示時出了洋相，但這種全新動力的海上裝置還是讓拿破崙很感興趣。一八〇三年，年輕的美國發明家傅爾頓（Robert Fulton），在塞納河上建造了第一艘以蒸汽機為動力的輪船。這年八月，當他獲悉拿破崙要越過英吉利海峽對英作戰時，興致勃勃地前來推銷自己的新產品——蒸汽動力船。

傅爾頓滔滔不絕地說：「一台二十馬力的蒸汽機抵得上二十面鼓滿的風帆，陛下的艦隊再也不必待在港口裡等待好天氣再出航，到那時，不要說是納爾遜，就是快馬，也跑不過陛下。當您稱霸歐陸的時候，陛下將是這個世界上的巨人……」傅爾頓一不留神說走了嘴，觸到了拿破崙最忌諱的身材高矮的問題，這就好比當著禿子說燈亮，剛才還在認真傾聽的拿破崙頓時沉了臉，他打斷傅爾頓的話說道：「你只說船快，卻隻字不提鐵板、蒸汽機和煤的重量，我不說你是個騙子，你也是個十足的傻瓜！」

也許，拿破崙拒絕傅爾頓的理由有很多，但這個理由卻最能體現他的性格特徵。

一八一二年，英國人購買了傅爾頓的輪船專利，十九世紀四〇年代，船側輪槳逐漸被更先進的船尾螺旋槳取代，英國的海上霸權以它的船堅炮利得到了鞏固，而法國則被遠遠地甩到了後面。

後來的軍事評論家這樣說道：如果拿破崙當時稍微動一下腦筋，接受傅爾頓的建議，建立一支強大的蒸汽機艦隊，那麼英國將被打敗，而十九世紀以後的歐洲歷史將完全是另一個樣子。

甚至可以說，正是由於拿破崙「多疑」地發現傅爾頓的「漏洞」，因此不相信「軍艦沒有帆能航行」，並把傅爾頓當成了騙子，沒有把握住發展艦隊的機會，這導致了後來的失敗。如果他聰明些，歐洲的現存狀態和格局就可能完全不同了。

■機不可失，時不再來

袁尚、袁熙兄弟在其父袁紹被曹操在官渡打敗後，逃往遼東，這時他們還有幾千人馬。最初，遼東太守公孫康依仗他的地盤遠離京城而不服朝廷管轄，有人勸曹操征討遼東，同時擒拿袁氏兄弟，曹操說：「我正要使公孫康斬二袁的頭送來，不需要用兵。」過了些日子，公孫康果然斬了袁尚、袁熙，將首級送來，眾將問曹操這是什麼原因，曹操說：「公孫康素來害怕袁尚、袁熙兄弟，我如果急於征討他，他就會同袁尚等聯合起來抵抗我們，緩一段時間，他們會自相矛盾，這種矛盾會使公孫康殺了二袁。」

曹操東征劉備時，人們議論紛紛，擔心出師後，袁紹從後方襲來，使得曹軍進不能戰，退又失去了依據的地盤。曹操說：「袁紹遲鈍而又多疑，不會迅速來襲擊我們。劉備剛剛發跡，人心還未完全歸順於他，我們抓住時機攻打他，他必敗。這是生死存亡的關鍵時刻，不可喪失時機。」於是，決心出師東征劉備。

田豐勸袁紹說：「虎正在捕鹿，熊進入了虎窩而撲虎子。老虎進不得鹿，退得不到虎子。現在曹操征伐劉備，國內空了。將軍有長戟百萬，騎兵千群，率軍直取許昌，搗毀曹操的老窩，百萬雄師，自天而降，好像舉烈火去燒茅草，又如傾滄海之水澆飄搖的炭火，能消滅不了他嗎？兵機的變化在須臾之間，戰鼓一響，勝利在望。曹操聽到我們攻下許昌，必然會丟掉劉備而返回許昌。我們占據了城內，劉備在外面攻打，反賊曹操的腦袋，一定會懸掛在將軍的戰旗竿上。如果失去了這個機會，曹操歸國之後，休養生息，積存糧食，招攬人才，就會是另一種狀況。現在大漢國運衰敗，綱紀鬆弛，曹操以他凶狠的本性，用他飛揚跋扈的勢力，放縱他虎狼般的慾望，醞釀成篡逆的陰謀，那時，即使有百萬大兵攻打他，也不會成功。」

但袁紹聽後，卻以兒子生病來推辭此事，不肯發兵。田豐用枴杖敲著地嘆道：「遇到這樣好的機會，卻因為嬰兒的緣故而失去了，可惜呀可惜！」

曹操能夠獲得最後的成功，他的預見力和判斷力遠勝於袁紹，這是二人在戰爭中成敗得失不同的根本原因。

Part 3

改變只為精益求精

■從工作中尋找樂趣

當我們在做自己喜歡的事情時，很少感到疲倦，很多人都有這種感覺。比如一個假日你到湖邊去釣魚，整整在湖邊坐了十個小時，可你一點都不覺得累，為什麼？因為釣魚是你的興趣所在，從釣魚中你享受到了快樂。產生疲倦的主要原因，是對生活厭倦，是對某項工作特別厭煩，這種心理上的疲倦感往往比肉體上的體力消耗更讓人難以支撐。

假如你想讓自己的工作變得有趣一點，你就可以把自己每天的工作量都記錄下來，鞭策自己一天要比一天進步，第二天的工作要勝於前一天。一段時間後，你也許會發現你的工作不再是單調、枯燥，而是很有趣，因為你的心理上有了競爭，每天都懷有新的希望。

每一件事，每一個人，從一定的意義上說都是珍奇獨特的，只要願意，這一切都是無窮無盡的快樂的源泉。只要你用快樂的心情去感受，你就能感到你身邊工作的快樂。這裡介紹幾種從工作中獲得樂趣的方法：

（1）把工作看成是創造力的表現

現實中的每一項工作都可以成為一種具有高度創造性的活動。一位教師上了一節好的課，不遜色於編排一出精彩的戲劇；一名運動員完美無缺的動作，從創造的角度來看，可以與十四行詩那樣的作品相媲美，並且可以獲得同樣的精神享受。也許你會說自己是一名家庭主婦，並沒有從事任何創造性的事業，這你就錯了！你是否想過，你的一日三餐就如設宴一樣，你對桌布、餐具的鑒賞力都有獨到之處，能別出心裁，怎麼說沒有創造性呢！年輕的畫家也許能從你那裡得到啟示：第一流的湯可以比第二流的畫更富有創造性。

（2）把工作當成是自我實現

為了自我滿足而從事體育運動是一種樂趣，如果這是強制的運動，就未必是愉快的；一位產科大夫似乎心情特別愉快，因他剛剛接生了第一百名嬰兒；一名足球運動員也因他剛踢進十個球而欣喜若狂，現在，他又為自己能踢進十一個球而興高采烈地開始了新的訓練。

（3）把工作看成藝術創作

有一次，一位教授指著一位在附近挖排水溝的工人讚賞地說：「那是一個真正的藝術家。看著那些污泥竟能以鐵鍬上的形狀飛過空中，恰好落到他想讓它落下的地方。」假如每個人都把自己的工作當成藝術創作，把自己單調、枯燥的打字看成是坐在鋼琴前創作新的圓舞曲；把你在廚房炒菜，看作是油畫創作，油、鹽、醬、醋就是你的顏料，炒出的新花樣就是你創作的新作品。

（4）把工作變為休閒娛樂

把工作看作娛樂，就能以工作為消遣，在實際中很多人正是這樣做的。請記住，勞動和娛樂的不同就在於思想準備不同。娛樂是樂趣，而勞動則是「必做」的，假如你是職業足球員，又能把注意力放在娛樂上，你就可以像業餘足球員一樣，更加投入地比賽。這裡不是說比賽本身不重要，而是不要把全部精力集中到比賽這個「賭注」上，而忘記了踢球本身就是娛樂，常常是忘記了「比賽」，獲勝的機會反而更大。

成功者總是能從工作中獲得樂趣，在苦中亦能尋樂，這是他們人生幸福和成功的一大祕訣。心中充滿快樂時，自然感到身邊的工作也有趣；而終日自怨自艾，只能是無益地自尋苦惱。

■懷抱進取心

拿破崙・希爾曾經聘用了一位年輕的小姐當助手，替他拆閱、分類及回覆他的大部分私人信件。當時，她的工作是聽拿破崙・希爾口述，記錄信的內容。她的薪水和其他從事相類似工作的人大約相同。有一天，拿破崙・希爾口述了下面這句格言，並要求她用打字機把它打下來：「記住！你唯一的限制就是你自己腦海中所設立的那個限制。」

這位小姐是一個聰明人。當她把打好的紙張交給拿破崙・希爾時，她說：「你的格言使我獲得了一個想法，對你、我都很有價值。」

這件事並未在拿破崙・希爾腦中留下特別深刻的印象，但從那天起，拿破崙・希爾可以看得出來，這件事在她腦中留下了極為深刻的印象。她開始每天晚餐後回到辦公室，做一些不是她分內而且也沒有報酬的工作，並把寫好的回信放到拿破崙・希爾的辦公桌上。

她已經研究過拿破崙・希爾的風格，因此，這些信回覆得跟拿破崙・希爾自己所能寫的完全一樣好，有時甚至更好。她一直保持著這個習慣，直到拿破崙・希爾的私人男祕書辭職為止。當拿破崙・希爾準備找人來替補這位男祕書的空缺時，他很自然地想到這位小姐。但在拿破崙・希爾還未正式給她這項職位之前，她已經主動地接受了這項工作。由於她在下班之後，以及沒有支領加班費的情況下，對自己加以訓練，終於使自己有資格出任拿破崙・希爾屬下人員中最好的一個職位。

而且不只如此，這位年輕小姐的辦事效率太高了，拿破崙・希爾已經多次提高她的薪水，她的薪水現在已是她當初來拿破崙・希爾這兒當一名普通速記員薪水的四倍。她使自己變得對拿破崙・希爾極有價值，因此，拿破崙・希爾不能缺少這位女助手了。

這就是聰明人的進取心。正是這位年輕小姐的進取心，使她脫穎而出，可謂名利雙收。

聰明人知道，進取心是一種極為難得的美德，它能驅使一個人在不被吩咐應該去做什麼事之前，就能主動地去做應該做的事。

一位聰明人對進取心作了如下的說明：

「這個世界願對一件事情贈予大獎，包括金錢與榮譽，那就是進取心。」

「什麼是進取心？我告訴你，那就是主動去做應該做的事情。」

「僅次於主動去做應該做的事情的，就是當有人告訴你怎麼做時，要立刻去做。」

「更次等的人，只在被人從後面踢時，才會去做他應該做的事。這種人大半輩子都在辛苦工作，卻又抱怨運氣不佳。」

「最後還有更糟的一種人，這種人根本不會去做他應該做的事。即使有人跑過來向他示範怎樣做，並留下來陪著他做，他也不會去做。他大部分時間都在失業中。因此，易遭人輕視，除非他有位富有的老爸。但如果是這個情形，命運之神也會拿著一根大木棍躲在街頭拐角處，耐心地等待著。」

你屬於前面的哪一種人呢？如果你想成為一個不斷進取的聰明人，就要把拖延的習慣從你的個性中除掉。這種把你老早應該做完的事，拖到明天才做的習慣，正在啃蝕你意志中的重要部分，除非你革除了這個壞習慣，否則你將很難達成任何成就。

做事積極

要想在工作中有所發展，給人「積極」的印象非常重要，它可以成為你取勝的法寶。怎樣才能給人「積極」的印象，引人注目呢？聰明人知道採用如下方法：

⑴**站起來發言**：無論在員工大會上講話，還是在辦公室發言，最好的姿勢是站起來。因為站起來發言，給人的感受更強烈、更有感染力。還可以居高臨下，把握會場的氣氛。

⑵**搶接電話**：動作遲緩會給人留下做事消極、不主動的印象。因此，在辦公室裡，一旦電話鈴響，應迅速反應，抓起話筒。

⑶**早上班**：提前上班，會給人一種積極、肯做的印象。當別的同事睡眼惺忪地趕到辦公室，開始做準備工作時，你已經進入工作狀態了，上司自然會另眼看你。

⑷**腰桿挺直快步走**：這樣做會給人一種充滿朝氣、富有活力的感覺。如果彎腰駝背、慢條斯理、無精打采會讓人如何評價你呢？

⑸**握手有力**：握手是交際的禮儀，也是表現自己的武器。握手這一小小的動作，看起來只是手與手的交流，實則為心與心的溝通。緊握對方的手可以使對方感到自己的熱情與堅強，給人留下一個深刻的印象。

(6)**坐姿端正：**和同事交談，坐在椅子或沙發上的姿勢一定要端正，不要全身埋在沙發裡或顯得懶散地背靠在椅子上，這樣會給人一種不認真的感覺。相反，坐姿端正，上半身自然前傾，則會讓人覺得你聚精會神，進而給人留下做事認真、積極的印象。

(7)**做好筆記：**別人講話時，要注意邊聽邊做筆記。做筆記，一方面可以記錄下對自己有用的內容；另一方面則是表示對對方講話內容的認同，對對方又是一種尊敬。

(8)**名字寫大一點：**姓名是每個人的代號，簽名時盡可能地把字寫得大一些，因為寫大字的人一般比較具有進取性。

(9)**坐到上司身邊：**對自己越有信心的人，越喜歡和上司坐在一起。因此，在沒有安排固定座位的場合時，主動坐在上司身邊，可以顯示出自己的信心，就像學習成績好、課堂主動發言的學生喜歡坐在距老師較近的座位一樣。

(10)**額外工作搶著做：**除做好分內的事外，對於額外增加的工作也要積極肯做，一方面顯示你的熱心，另一方面體現你的能力。

(11)**求教要登門：**如果你有事向同事請教，不能通知他來你辦公室，而必須去他的辦公室。這樣，既能讓對方看到你的誠意，又能感受得到你的謙恭態度。

(12)**表露你的希望：**充滿希望的人才會有魅力。擁有遠大目標的人，便會給人一種積極、有闖勁的感覺。每個人都不喜歡，甚至討厭偷懶、不積極的同事。只要給人處處以「積極」的印象，不但能夠受到同事的好評，還會受到上司的器重，對自己的前途會大有好處。

堅定自信

成功的人往往目光遠大，自信心強，重長遠，趨大利。威爾遜就是這樣一個聰明人。

威爾遜在創業之初，全部家當只有一台分期付款賒來的爆米花機，價值五十美元。第二次世界大戰結束後，威爾遜做生意賺了點錢，便決定從事房地產生意。如果說這是威爾遜的成功目標，那麼，這一目標的確定，就是基於他對自己的市場需求預測充滿信心。

當時，在美國從事房地產生意的人並不多，因為戰後人們一般都比較窮，買地皮修房子、建商店、蓋廠房的人很少，地皮的價格也很低。當親朋好友聽說威爾遜要做地皮生意時，異口同聲地反對。

而威爾遜卻堅持己見，他認為反對他的人目光短淺。他認為雖然連年的戰爭使美國的經濟很不景氣，但美國是戰勝國，它的經濟會很快進入大發展時期。到那時買地皮的人一定會增多，地皮的價格會暴漲。

於是，威爾遜用手頭的全部資金再加上一部分貸款，在市郊買下很大的一片荒地。這片土地由於地勢低窪，不適宜耕種，所以乏人問津。可是威爾遜親自觀察了以後，還是決定買下這片荒地。他的預測是，美國經濟會很快繁榮，城市人口會日益增多，市區將會不斷擴大，向郊區延伸。在不遠的將來，這片土地一定會變成黃金地段。

後來的事實正如威爾遜所料。不出三年，城市人口遽增，市區迅速發展，大馬路一直修到威爾遜買的土地的邊上。這時，人們才發現，這片土地周圍風景宜人，是人們夏日避暑的好地方。於是，這片土地價格竄升，許多商人競相出高價購買，但威爾遜不為眼前的利益所惑，他還有更長遠的打算。後來，威爾遜在這片土地上蓋起了一座汽車旅館，命名為「假日旅館」。由於它的地理位置好，舒適方便，所以開業後顧客盈門，生意非常興隆。從此以後，威爾遜的生意越做越大，他的假日旅館逐步遍及世界各地。

威爾遜的經歷告訴我們：聰明人往往非常自信，而自信與人生的成敗息息相關。

■接受挑戰

成功人生的一個特徵是目光遠大，自信心強。包玉剛生前是雄踞「世界船王」寶座的華人巨富。他所創立的「環球航運集團」，在世界各地設有廿多家分公司，曾擁有兩百多艘載重量超過兩千萬噸的商船隊，資產達五十億美元，曾位居香港十大財團的第三位。包玉剛的平地崛起，令世界上許多大企業家為之震驚：一個華人結束了洋人壟斷國際航運的歷史。他靠一條破船起家，經過無數次驚濤駭浪，度過一個又一個難關，終於建起了自己的「航運王國」。回顧一下他成功的道路，他在困難和挑戰面前所表現出的堅定信念。

包玉剛不是航運家，他的父輩也沒有從事過航運業。中學畢業後，他當過學徒、夥計，後來又學做生意。卅歲時升任上海工商銀行的副經理、副行長，並小有名氣。卅一歲時包玉剛隨全家遷到香港，他靠父親僅有的一點資金，從事進出口貿易，但生意毫無起色。他拒絕了父親要他投身房地產的要求，打算從事航運業。因為航運競爭激烈，風險極大，親朋好友紛紛勸阻他，以為他發瘋了。

但是包玉剛卻信心十足，他看好航運業並非異想天開。他根據在從事進出口貿易時獲得的信息，堅信海運將會有很大發展前途。經過一番認真分析，他認為香港背靠大陸、通航世界，是商業貿易的集散地，其優越的地理環境有利於從事航運業。卅七歲時包玉剛正式決心跨足海運，確信自己能在大海上開創一番事業。

投身於他並不熟悉的航海業，人們對他的譏笑多於嘉許，對於窮得連一條舊船也買不起的外行，誰也不肯輕易把錢借給他。他四處借貸，四處碰壁，儘管錢沒借到，但經營航運的決心卻更強烈了

後來，在一位朋友的幫助下，終於貸款買來一條有廿年航齡的燒煤舊貨船。從此，包玉剛就靠這條整修一新的破船揚帆起錨，躋身於航運業了。包玉剛抓住有利時機，做出正確決策，不斷發展壯大自己的事業，終於成為世界上最大的私營船舶所有人。

古人說：「欲做精金美玉的人品，定從烈火中鍛來；思立掀天揭地的事功，須向薄冰上履過。」、「士人有百折不回之真心，才有萬變不窮之妙用。」事業成功的過程，實質上就是不斷戰勝失敗的過程，尤其是成功的事業者，更是如此。

被楚莊王拜為令尹的孫叔敖，具有政治、經濟、軍事等多方面的卓越才能，然而他的仕途並非一帆風順，他曾經幾起幾落，但他「三為令尹而不喜，三去令尹而不憂」，的確是一個有宰相風範的人。在人們的心目中，諸葛亮簡直可謂聰明人的代表，可是細讀過《三國演義》的人，都不難發現：諸葛亮原來是個常敗統帥。他不僅有「棄新野，走樊

城，敗當陽，奔夏口」的敗績，而且大敗仗打得也不少，他晚年全力以赴運籌帷幄的六出祁山，也都以失敗而告終。

諸葛亮尚且如此，何況普通人呢？所以說，任何一項事業要取得成就，都難免要遇到困難和挫折。欲成就大事業者，能否經受住錯誤和失敗的嚴峻考驗，是一個非常關鍵的問題。缺乏決心和信心常成為成功的最大障礙。一個人如果沒有堅定的意志，如果他不善於系統地、頑強地工作，而是搖擺不定，猶猶豫豫，三分鐘熱度，一遇困難就打退堂鼓，即使他有超人的能力，也不能保證達到既定的目標。

聰明人都具有堅定的性格，這使得他們能夠把精力集中於一個特定的目標，長期地為之奮鬥，從而把自己的努力以一線主軸連接起來，使他們的成果得以在一個方面累積起來。堅定的性格，可以增強人們的勇氣和力量。性格堅定的人是堅強勇敢、無所畏懼的，無論阻力多麼大，無論環境顯得多麼困難，他也不會有絲毫的動搖，一定要把認準的追求堅持到底。

堅定不同於固執。如果拒絕別人的任何影響，毫無根據地對抗來自別人的一切，或者明知行不通，還是不顧一切地蠻幹到底，那就不是堅定，而是固執了。堅定和固執的區別就在於能不能理智地處理問題。不論怎樣明白的論據，要勸說固執的人是很困難的；但意志堅定的人，只要理由充分，就可以被說服。固執的人的理智不能戰勝感情，行動不能冷靜深思，這種特質與堅定的性格毫無共同之處。堅定會幫助一個人成功，而固執則會毀掉一個人的成功。

■勤奮專注

成功的人能夠專注地做一件事，直到成功，洛維就是這樣一個人。

洛維是美國的著名醫師及藥理學家，一九三六年榮獲諾貝爾生理學及醫學獎。

他一八七三年出生於德國法蘭克福的一個猶太人家庭。從小喜歡藝術，繪畫和音樂都有很高的水準。但他的父母是猶太人，對猶太人深受各種歧視和迫害心有餘悸，不斷敦促兒子不要學習和從事那些涉及意識形態的專業，要他專攻一門科學技術。他的父母認為，學好數理，可以走遍天下都不怕。

在父母的教育下，洛維進入大學學習時，放棄了自己原來的愛好和專長，進入史特拉斯堡大學醫學院學習。

洛維是一位勤奮志堅的學生，他不怕從頭學起，他相信專注於一，必定會成功。他懷著這一心態，很快進入了狀況，專心致志於醫學課程的學習。信心是行動的推進器，他在醫學院攻讀時，被導師的學識和鑽研精神所吸引。這位導師叫淄寧教授，是著名的內科醫生。洛維在這位教授的指導下，學業進展很快，並深深體會到醫學也是大有施展才華的天地。

洛維從醫學院畢業後，先後在歐洲及美國一些大學從事醫學專業研究，在藥理學方面取得較大進展。由於他在學術上的成就，奧地利的格拉茨大學於一九二一年聘請他為藥理教授，專門從事教學和研究工作。在那裡他開始了神經學的研究，藉著青蛙迷走神經的試驗，第一次證明了某些神經合成的化學物質可將刺激從一個神經細胞傳至另一個細胞，又可將刺激從神經元傳到反應器官，他把這種化學物質稱為乙醯膽鹼。一九二九年他又從動物組織中分離出該物質。洛維對化學傳遞的研究成果是一個前人未有的突破，對藥理及醫學上作出了重大貢獻，因此，一九三六年他與戴爾獲得了諾貝爾生理學及醫學獎。

洛維是猶太人，儘管他是傑出的教授和醫學家，但也與其他猶太人一樣，在德國遭受了納粹的迫害，當局把他逮捕，並沒收了他的全部財產，被取消了德國籍。後來，他逃脫了納粹的監視，輾轉到了美國，並加入了美國籍，受聘於紐約大學醫學院，開始了對糖尿病、腎上腺素的專門研究。洛維對每一項新的科學研究，都能專注於一，不久，他這幾個項目都獲得新的突破，特別是設計出檢測胰臟疾病的洛維氏檢驗法，對人類醫學又作出了重大貢獻。

成功之本取決於人的心理素質、人生態度和才能資質。當然，僅靠這個「本」還不夠，必須兼具高遠志向和實現目標的毅力。特別是專注於一的精神，更有利助人成功。

■贏得時間

精打細算的人，在利用時間方面，他們的經驗很值得借鑑。

（1）每天都列出計畫

確定每天的目標，養成把每天要做的工作排列出來的習慣。奏效是指把一項工作做合適，效率是指把一項最關鍵的工作做好。把明天要做的、最重要的比如六件事，按其重要性大小編成號碼，明天上午頭一件事是考慮第一項，先做起來，直至完畢。再做第二項，如此下去，如果沒有全部做完，不要於心不安，因為照此辦法完不了，那麼用其他辦法也是做不完的。

（2）最充分地利用你最顯效率的時間

如果你把最重要的任務安排在一天裡你做事最有效率的時間去做，你就能用較少的力氣，做較多的工作。何時做事最有效率？各人不同，需要自己摸索。

（3）運用科學的方法

如果你不知道記憶的規律和方法，你將事倍功半，而如果你了解記憶的奧祕，你就能事半功倍；如果你不明白學習是為了創造、科學全在於創新，只是拚命追求考試成績，拚命掌握傳統教科書，不注意培養自己的創新能力，那麼，你將來在科學上很難有什麼創造；如果你不懂得打破限制性思維，不願意向一些聰明的外行人講述你的研究活動，甚至不願意和同行進行學術交流，那麼你獲得靈感與啟示、獲得成功的可能性也會因此而少；如果你不知道知識並非總是越多越好，而去拚命掌握那無用的或者用處不大的「死知識」，就會浪費寶貴的時間與精力，錯過「最佳年齡區」……總之，倘若你缺乏正確的方法，那你多少會自己埋沒自己的才華。

（4）全力完成最重要的任務

重要的不是做一件事花多少時間，而是有多少不受干擾的時間。全力猛攻，任何困難都可迎刃而解；零打碎敲，往往解決不了問題。一次只能考慮一件事，一次只能做一件事。

（5）不要做完人

不要求把什麼事都做得完美無缺，如寫信中有幾個錯字，改一下即可，不必全部重新抄寫。

（6）學會一石二鳥

可以利用已排定的時間，如看病、理髮的等候時間，用來訂計畫、寫信，甚至考慮寫作提綱。每天清晨漫步在校園，都可看到許多邊跑步邊聽外語廣播的學生，他們懂得了充分利用時間的奧祕。許多人認為，看原版電影，既可學習外語，又是較好的娛樂方式。

表面上看起來，好像集中精力於某件事情上，比較專注、有效，可是在資訊爆炸的時代，如果過分集中在某件事上，就會變成不能融會貫通或趕不上潮流的落伍者。現代生活要求我們，必須在自己身邊廣布天線，隨時接受社會的動態信息。

許多成功的企業家習慣在吃飯時打開電視、攤開報紙，這樣可以同時使用聽電視的耳朵、看報紙的眼睛和吃飯的嘴、手，這對培養靈活的大腦非常重要。

而想把三件事同時做好的祕訣，最好做瞬時性的意識變化，也就是三至五秒的精神集中於吃飯，再分別用五秒鐘集中於看報和看電視，如在意識集中於電視前，即使中斷了幾秒鐘，也可以知道連續的消息，又不會忘記剛才閱讀過的報上的訊息。如此做瞬間意識上的轉變，則有可能使三種行為同時協調地進行。一旦養成了習慣，這些就會在不知不覺中進行。

具有複雜型觀念或能夠同時處理幾件事情，是現代人不可缺少的素質，雖然有人主張「一心不可二用」，但不可否認的是，同時做幾件事的人，他們的腦筋的確轉動得很快，辦事效率也更高，無形中節省了大量的時間。

（7）區別緊迫性和重要性

緊急的事不一定重要，重要的不一定緊急。不幸的是，我們許多人把我們的一生花費在較緊急的事上，而忽視了不那麼緊急但比較重要的事情。當你面前擺著一堆問題時，應問問自己，哪一些真正重要，把它們作為最優先處理的問題。如果你整天被緊急的事情所左右，你的生活中就會充滿危機。

（8）整齊就是效率

各種用品的擺放要有條理，如筆記要分類，以便查找。亂放一氣，找東西的時間就要占很多。

（9）盡量利用簡便工具

如用電話通信息，只需幾分鐘，而寫一封信卻往往需要幾十分鐘。

（10）充分利用等待的時間

我們每天都有許多時間在等待中度過，等車、等人、排隊繳費等，一般人以為那只是短暫的而可以被忽略掉，於是每天把不少的片刻時間白白地浪費了。

等待的時間總是難過的，如果能學會充分利用等待的時間，不僅對你知識的增加、事業的成就，而且對於你養成良好性格和情緒都有莫大的益處。

例如當我們在搭飛機、火車做長途旅行時，可以看看小說，閱讀你感興趣的書報，背誦外語單詞；當你排隊看病、等待理髮時也可抓緊學習。

■強化知識結構

古希臘的著名戲劇家埃斯庫羅斯說過：「聰明人不是具有廣博知識的人，而是掌握有用知識的人。」而一個人的知識要真正做到有用，就必須形成適合於客觀需要的、合理的內在結構。實現知識結構的合理化，是提高知識效用、加快成才步伐的祕訣之一。

在你建造自己知識結構的時候，聰明人採用的下面四條原則是值得我們參考的。

（1）整體原則

知識體系必須形成一個整體，通過巧妙的相互聯繫，把各部分知識有機地統一起來，從而使自己能夠在整體上發揮出最佳的功能。這個整體原則，就是我們確定合理知識結構的最基本的原則。

整體原則，首先要求我們正確地選擇知識。為此，我們必須善於判斷某種知識相對於自己知識體系的整體來說有多大的價值，然後根據這種相對價值的大小來進行知識的取捨。只見樹木不見森林；一切從興趣或偏見出發；抱著獵奇的心理在知識叢林中瞎撞；漫無目的，遇到什麼學什麼……凡此種種，都是與整體原則背道而馳的。

整體原則，還要求我們恰當地組織知識。任何知識只有處於相互聯繫的整體之中，才能活起來，才能有效地發揮其功能。與整體相脫節、相游離的知識，是死知識，是毫無用處的東西。

（2）比例原則

一個合理的知識結構，各組成部分必須保持恰當的比例。比例原則，反映了知識結構內部橫向聯繫上的客觀要求。

聰明人知道，確定知識結構的正確比例，應當從特定目標的客觀需要出發。目標不同，需要不同，知識體系的組成當然也大不相同。學文的不一定非懂得量子物理不可；學理的也不一定硬要精通《說文解字》。但是，在現代條件之下，為任何一個特定目標服務的知識結構，都不可能只由一兩種知識來組成，而必須是多種不同知識的有合。立志於文藝創作者，不可以沒有一定的自然科學修養；想當一名工程師的人，則不能不涉獵一點經濟學和管理學。

一般說來，按照比例原則，應當使我們的知識結構自然地形成核心、外圍、邊緣三個部分。就是說，既要將那些對於實現目標有決定意義的知識放在中心的、主導的地位，又要讓一切相關的知識在整個結構中占有恰當的、相應的位置。這樣，整個知識體系就會像宇宙中的太陽系一樣，一層比一層比重更輕，一層比一層範圍更廣，形成一個比例協調的統一體。

（3）層次原則

一個合理的知識結構，必須從低到高，由幾個不同層次所組成。層次原則，反映了知識結構內部縱向聯繫上的客觀要求。

合理的知識結構可以分為三個不同的層次：基礎層次、中間層次和最高層次。基礎層次是指一個人必備的基礎文化知識；中間層次是指從事某項事業所需要的較為系統的專業知識；最高層次則是指關於該項事業的最新成就、攻堅方向和研究動態的知識。只有讓這三個層次組成一個寶塔形結構，一層比一層範圍更窄，一層比一層要求更高，才有利於我們更迅速、更有效地投入創造。在這三個層次之中，任何一個層次都不應當受到輕視。忽視了較低層次的知識，較高層次便成為空中樓閣，無法牢固地樹立；不掌握較高層次的知識，較低層次便成了無枝、無葉、無花、無果的根基，發揮不了應有的功能。因此，在學習過程中，基礎鋪得過寬、蜻蜓點水，樣樣通、樣樣鬆，或者抓住一點、不及其餘，急於在一個狹窄的領域裡一鳴驚人，都是不可取的。

（4）動態原則

世界上的一切事物，都處於不斷的運動、變化和發展之中。人們的知識體系，是相應於客觀事物在頭腦中的反映，如果不隨著客觀事物的發展而發展，就會逐漸處於落後的、陳舊的、甚至僵死的狀態。因此，一個合理的知識結構，必須是能夠不斷進行自我調節的動態結構。動態原則，反映了知識結構在發展變化過程中前後聯繫上的客觀要求。

在實際生活中，需要調節知識結構的情況，一般說來有三種。一是由於科技的發展：當代科技發展的速度日益加快，知識陳舊的週期日益縮短，這就要求人們的知識結構不斷更新；二是由於事業的需要：一個人離開學校之後就開始了實際的事業，而事業的需要與原有的知識準備完全相吻合的情況是十分少見的，這也要求人們經常調節知識結構；三是由於職業的變更：在複雜的社會生活中，一個人並不一定終生只從事一種職業，職業一變知識結構就得跟著變，比如奧斯特洛夫斯基原是一名軍人，癱瘓以後刻苦自學文學，迅速改變了知識結構，最後成為著名的蘇聯作家。

自我推銷

巧妙地推銷自己，是改變消極等待為積極爭取、加快自我實現的不可忽視的手段。常言道：「勇猛的老鷹，通常都把他們尖刻的爪牙露在外面。」這不也是一種積極地表現自我嗎？生意人想讓自己的商品待價而沽，總得先吸引顧客的注意，讓他們知道商品的價值，這便是傑出的推銷術。《成功地推銷自我》的作者E・霍伊拉說：「如果你具有優異的才能，而沒有把它表現在外，這就如同把貨物藏於倉庫的商人，顧客不知道你的貨色，如何叫他掏腰包？各公司的董事長並沒有像X光一樣透視你大腦的組織。」因此，積極的方法是自我推銷，如此才能吸引他們的注意，從而判斷出你的能力。

在推銷自己的過程中，不僅應知道推銷自己的必要性，而且更注重方式和技巧。

（1）展現優點

人是複雜的、多面的。既有長處，也有短處；既有優點，也有缺點。知道如何揚長避短，最大限度地表現自己的美德，這是大多數人都具備的基本功。

人們都想得到一個較高的位置，找到一個較大的機會，使自己有用武之地。但是，人們卻往往輕視自己簡單的工作，看不起自己平凡的位置與渺小的日常事務。而成功的人目光遠大，不爭一時的先後，即使在平凡的位置上工作也能做得十分出色，自然也就能更多地吸引上級的注意。成功者每做一事，都不滿於「還可以」、「差不多」，而是力求盡善盡美、問心無愧。他們的任何工作都經得起推敲。他們的優點，就是在一件件小事中閃閃發光的。

最大限度地表現自己的優點，這裡還有一個程度的問題。表現自己而又恰如其分，這既是一種能力也是一門藝術，它往往體現一個人的修養。

（2）表現誠實

一九〇八年四月，在一所國際函授學校經銷商的辦公室裡，戴爾・卡內基正在應聘銷售員的工作。

經理約翰・艾蘭奇先生看著眼前這位身材瘦弱、臉色蒼白的年輕人，忍不住先搖了搖頭。從外表看，這個年輕人顯示不出特別的銷售能力。他在問了姓名和學歷後，又問道：

「做過推銷嗎？」

「沒有！」卡內基答道。

「那麼，現在請回答幾個有關銷售的問題。」約翰．艾蘭奇先生開始提問：「推銷員的目的是什麼？」

「讓消費者了解產品之後心甘情願地購買。」戴爾不假思索地答道。

艾蘭奇先生點點頭，接著問：

「你打算如何對推銷對象開始談話？」

「『今天天氣真好』或者『你的生意真不錯』。」

艾蘭奇先生還是只點點頭。

「你有什麼辦法把打字機推銷給農夫？」

戴爾．卡內基稍稍思索一番，不緊不慢地回答：「抱歉，先生，我沒辦法把這種產品推銷給農夫，因為他們根本就不需要。」

艾蘭奇高興得從椅子上站起來，拍拍戴爾的肩膀，興奮地說：「年輕人，很好，你通過了，我想你會出類拔萃的！」

艾蘭奇心中已認定戴爾將是一個出色的推銷員，因為測試的最後一個問題，只有戴爾的答案令他滿意，以前的應聘者總是胡亂編造一些辦法，但實際上絕對行不通，因為誰願意買自己根本不需要的東西呢？

其他參加面試的人當然也知道「把打字機推銷給農夫」比登天還難，但是，為了應付面試，他們不敢說實話，唯恐別人懷疑自己的能力。而那些敢說實話的人，不但表現了自己的誠實，更展示了自己的自信。

（3）表現才智

聰明人知道，一個人的才智是多方面的。假如你是想表現你的口語表達能力，你要在談話中注意語言的邏輯性、流暢性和風趣性；如果你要想表現你的專業能力，當上司問到你的專業學習情況時就要詳細一點說明，你也可以主動介紹，或者問一些與你的專業相符的新工作單位的情況；如果你想要讓上司知道你是一個多才多藝的人，那麼當上司問到你的愛好興趣時就要趁機發揮，或主動介紹，以引出話題；如果上司本身就是一個愛好廣泛的人，那麼你可以主動拜師求藝。至於表現自己的忠誠與服從，除了在交談上力求熱情、親切、謙虛之外，最常用的方式是採取附和的策略，但你要盡量講出你之所以附和的原因。上司最喜歡的是你能給他的意見和觀點找出新的論據，這樣既可以表現你的才智，又能為上司去教育別人增加說理的新材料。

（4）另闢蹊徑，與眾不同

這是成功者經常採用的一種顯示創造力、超人一等的自我推銷方式。

款式新穎、造型獨特的商品常常是市場上的暢銷貨；見解與眾不同、構思新奇的著作往往供不應求。獨特、新穎便是價值。物如此，人亦然。他人不修邊幅，你則不妨稍加改變和修飾；他人好信口開河，你最好學會沉默、保持神祕感，時間越長，你的魅力越大；他人總是揚長避短，你可試著公開自己的某些弱點，以博得人們的理解與諒解；他人自命清高、孤陋寡聞，你應該盡力地建立一個可以信賴的關係網；他人虛偽做作，你要光明磊落、待人坦誠；他人只求可以，你則應全力以赴，創第一流業績；他人對上司阿諛奉承，你卻以信實取勝。倘若你願意試試以上方法來表現自己，就一定可以收到異乎尋常的效果。

■注重團隊意識

一家公司準備從基層員工中選拔一位主管。董事會擬定的考試內容是尋寶：大家要從各種各樣的障礙中穿越過去，到達目的地，把事先藏在裡面的寶物找出來。誰能找出來，寶物就屬於誰，誰就能得到提拔。大家興奮異常。他們開始行動了起來，但是事先設置的路太難走了，滿地都是西瓜皮，大家每走幾步都要滑倒，根本無法到達目的地。他們艱難地行進著。在他們的尋寶隊伍中，公司的一位清潔工落在了最後面。對於尋寶之事，他似乎並不在意，他只是把垃圾車拉過來，然後把西瓜皮一鍬鍬地裝了上去，然後拉到垃圾站去。幾個小時過去了，西瓜皮也快清理完了。大家跳過西瓜皮，衝向了目的地，他們四處尋找，但是一無所獲。那個清潔工卻在清理最後一車西瓜皮的時候，發現了藏在下面的寶物。公司召開全體大會，正式提拔這位清潔工。

董事長問大家：「你們知道公司為什麼提拔他嗎？」

「因為他找到了寶物。」好幾個人舉手答道。

董事長搖搖頭。

「因為他能做好本職工作。」又有幾個人舉手發言。

董事長擺了一下手：「這還不是全部，他最可貴的地方在於，他富有團隊精神。在你們爭先恐後尋寶的時候，他在默默地為你們清理障礙。」

「團隊精神，這是一個人、一個公司最珍貴的寶物！」董事長總結道。團隊意識強，這正是聰明人的一大特徵，他們常常因此在事業中獲得意外收穫。

■培養組織管理能力

成功的人有本事，有人格魅力，團隊意識強，人際關係一般不錯。在日常生活中，他們非常重視培養自己的組織管理能力。

組織管理能力是指為了有效地實現目標，靈活地運用各種方法，把各種力量合理組織並有效協調的能力，包括協調關係的能力和善於用人的能力等等。組織管理能力，是知識、素質等基礎條件的外在綜合表現。現代社會是一個龐大的、錯綜複雜的系統結構，絕大多數工作往往需要多個人的協作才能完成。所以，從某種角度講，每一個人都是組織的領導者，承擔著一定的組織管理任務。因此，具備一定的組織管理能力，無論是對個人才智的發揮、事業的成功，還是對於國家的建設、社會的發展都具有極重要的意義。

組織管理能力的培養和訓練可以從以下幾個方面努力：

（1）做好準備

領導者最重要的是具有強烈的責任感及自覺性。如果您已成為領導者，不論能力如何，只要有竭盡所能完成任務的幹勁及責任感，至少也會有相當的表現，所謂「勤能補拙」即是這個道理。

以這種心理準備去完成任務，即可自然而然產生自覺與自信，也在不知不覺之中獲得很大的進步。

有些人擔憂自己不適合做領導者，這是不正確的觀念。聰明人認為，每個人都有成為領導者的潛能，正如任何人天生都具有創造性一般，差別只在於是否能將這種與生俱來的天賦充分發揮。

（2）贏得支持

聰明人常常強調，成為一個成功的領導者，百分之三十是得自於天賦、地位與權限，其餘的百分之七十則是由該組織成員的支持程度所構成。

所謂的天賦是指自小就活躍於群體中，且有不願屈居於他人之下的個性。地位及權限是指被上級任命為領導者之後，在組織內所擁有的職務及權力。相較之下，在構成領導能力的要素中，群體成員的支持及信賴顯然比天賦、地位、權限重要多了。

相反的，不管獲得多大的權限和地位，不論上級如何重視、支持，若無法獲得群體成員的支持，則只能算擁有三分之一的領導力，將來必會完全喪失權威。

（3）整合意見

在群體領導者的必備條件中，最迫切需要的是良好的傾聽能力及善於整合所有成員的意見。即使工作能力不是很出色，或拙於言辭，但若能當一個好聽眾，並整理綜合眾人的意見而制定目標，就算是一個優秀的組織管理人才。

如果領導者在與人談論時，能設身處地耐心聽人傾訴，並不忌談話時間的長短，這種領導者必能得到眾人的信服，所以做一個好聽眾是成為領導者相當重要的條件。現在的年輕人從小便被束縛於一連串的升學競爭之中，使身旁的朋友都變成學力測驗的敵手，很少有真正能知心交談的朋友，所以他們都由衷渴望能擁有傾訴自己煩惱的對象。

擅於整合大家的意見，就是盡量綜合所有成員的意向及想法，再經過分析整理，得出最具有代表性的結論。

對於看似互相對立或矛盾的意見，領導者須有能力找出兩者的共同之處，並挑出優點而予以「揚棄」，以掌握互相對立想法的中心思想，再創造第三個想法。

能辯證地整合、傾聽成員意見者，必是一個聰明人，也一定是一位優秀的領導者。即使開頭不能做得很好，只要以此為努力的方向，終將成為一名出色的領導者。

（4）傳遞理念

我們人類的思考方式，往往是運用語言為傳播媒介，這種方式實在值得商榷。所謂思考，就是在腦海中「自問自答」，是對話的內在化。而賢問賢答，愚問愚答，是當然的事。發問和回答的技巧是相當重要的一環。

運用難懂、抽象化的文字，說矯揉造作的語言，會讓人摸不清頭緒，不知所以然，各成員對該領導者必然敬而遠之。即使語言學家為了使大家明瞭其理論，也必須從抽象的語言中走出來，將其觀念具體化。

常人往往在不自覺中陷於語言的形式，結果只看見文字表象而不知其具體的意義，這種現象稱為固定觀念。所謂固定觀念，也就是先入為主。在打破固定觀念之前，好的創意便無法顯現。人類運用語言思考，往往把它抽象化，以求掌握自然的法則，這很容易拘泥於固定觀念。因此，必須注意觀念的具體化，盡量使語言和事實趨於統一，才能夠真正解決疑難。

要做到觀念具體化，必須付出相當的努力。人往往被語言所矇騙，以為已經明白其中意義。為了證實自己真正了解的程度，可以用「為什麼」、「譬如」等概念來自我檢討。

「為什麼」是真理的探求與創造的最強大武器，「譬如」則是對實踐的理解。也就是說，領導者必須把知道的理論知識、經驗教訓靈活付諸於現實，方能取得應有成效。

聰明人知道，使觀念具體化，讓思想語言與事實更為接近，是不容忽略的大事。

（5）熱誠創意

聰明人懂得「組織領導能力」強調領導能力。

熱心、誠意和創意，這就是組織領導者之道。

熱心就是抱著極大熱情去做事的態度。是振奮之心，是鬥志，也可以說是幹勁。組織領導者本身必須比團體成員多幾倍的熱心。

誠意就是真誠的意願，也就是要遵守諾言，言出必行。

允諾過的事，即使十分細微，也應竭力完成，才能獲取團體成員高度的信賴，不因忙碌而忽略約好的最細微處，這是傑出的領導者應該具備的。

所謂創意，就是在創造新事物的狂熱念頭趨使下，不滿足於現狀，常常向新事物挑戰，不斷為改善、革新、創造而下工夫，從而產生新穎、奇特、能夠幫助你實現願望的好點子。

改善是把有缺點、或不完美的地方加以改正；而革新則是針對本來已經很優良的事物，想辦法精益求精而作不懈的努力；創造即努力思考全新的事物，這也是創意的最高階段。富有創意的領導者往往倍受大家的推崇，我們應該將眼光放遠，不斷地努力到底。

以上說明的熱心、誠意和創意，仔細分析起來，無論是誠意或創意，都須依賴熱心的程度。熱心表現在人際關係上，成為誠意；表現在工作方面則會產生創意。這三者的關係是通行無阻的領導三要素。換言之，把這三者融為一體，便是組織領導之道，能夠做到這一點，你就步入聰明人的行列了。

Part 4

改變慣性惡習

壞習慣：負面思考

很多時候，失敗是自己造成的，一位哲人曾說：「無論你身處何境，都是自己的選擇。」我們往往把失敗歸咎於客觀世界，而不願意作內心的反省——你為什麼不成功？你應該仔細思考這個問題。許多人都曾經想過它，但得到的結論幾乎相同：「條件有限！」因為條件限制，許多人就這樣認定自己難以改善命運。內心的消極情緒占了上風，自己選擇了失敗的宿命。他們總認為自己只要有足夠的資金，就可以做得和別人一樣好。這可能是事實。但是，他們本應該積極地去爭取這些足夠的資金！

幾年以前，齊格到密執安州福靈特房地產經紀人委員會的一個午餐聚會上發表演講。演講之前，他與坐在他左邊的一位紳士閒談，問那位紳士生意怎樣。紳士開始滔滔不絕地抱怨生意是如何的糟糕透頂。

他告訴齊格，通用汽車公司正在罷工，在這種時候沒有人會從別人手裡購買任何東西。「事情太糟糕了，人們連鞋子、衣服、汽車甚至連食品都不買，當然也不會買房子。我好長時間連一座房子也沒賣掉，真不知道怎樣才能簽下合約，」他抱怨道，「如果罷工不馬上結束，我就要破產了。」

後來，齊格轉向坐在右邊的一位夫人，問道：「哦，怎麼樣？」「哦，你知道，齊格先生，通用汽車公司正在罷工……」她露出一個舒展而甜美的微笑說，「所以生意好得簡直像奇蹟。幾個月以來人們第一次有了空閒時間為布置理想中的家去逛商店買東西。」

「為什麼？」

她說：「有些人可以花半天時間來看一幢房子。他們從小閣樓一直檢查到隔熱層。他們測量每一英吋面積，從廁所、壁櫥到房屋地基，無一放過。我甚至碰到過一對夫婦自己查找地界線。這些人知道罷工是會結束的，他們對美國經濟有信心，但最重要的是，他們知道現在買房子比以後買要便宜。這樣一來，生意確實很興隆。」然後她很有信心地說：「齊格先生，你在華盛頓有熟人嗎？」

齊格說：「有的，我有個侄子在那兒上學。」

她說：「不、不，我是問你在華盛頓是不是認識一些有政治影響的人？」

齊格說：「沒有，恐怕不認識。但是你為什麼要問這個？」

她答道：「我在考慮，如果你認識的人能使這場罷工再持續六個星期，只需六個星期，那麼我今年就可以甩手不幹了。」

一個人由於罷工而落魄，另一個卻由於罷工而發財了。外部條件相同，但他們的態度卻大相逕庭。一位聰明人指出：「你的生意好壞從來不是由外界決定的，而是由你的大腦決定的。如果你的思維凝滯了，你的事業也會停滯不前。如果你的思想對頭，你的事業也會興旺發達。」

■壞習慣：不務實

泰國有個叫奈哈松的人，一心想成為大富翁，他覺得成功的捷徑便是學會煉金術。他把全部的時間、金錢和精力都用在了煉金術上。不久，他用了自己的全部積蓄，家中變得一貧如洗，連飯也沒得吃。妻子無奈，跑到父母那裡訴苦，她父母決定幫女婿擺脫幻想。

岳父對奈哈松說：「我們已經掌握了煉金術，只是現在還缺少煉金的東西。」，「快告訴我，還缺少什麼東西？」「我們需要三公斤從香蕉葉下搜集起來的白色絨毛，這些絨毛必須是你自己種的香蕉樹上的，等到收完絨毛後，我們便告訴你煉金的方法。」奈哈松回家後立即將已荒廢多年的田地種上了香蕉，為了盡快湊齊絨毛，他除了種自家以前就有的田地外，還開墾了大量的荒地。

當香蕉成熟後，他小心地從每片香蕉葉下收刮白絨毛，而他的妻子和兒女則抬著一串串香蕉到市場上去賣。就這樣，十年過去了，他終於收集夠了三公斤的絨毛。這天，他一臉興奮地提著絨毛來到岳父母的家裡，向岳父母討要煉金之術，岳父母讓他打開了院中的一間房門，他立即看到滿屋的黃金，妻子和兒女都站在屋中。妻子告訴他，這些金子都是用他十年裡所種的香蕉換來的。面對滿屋實實在在的黃金，奈哈松恍然大悟。從此，他努力勞動，終於成了一方富翁。

現實生活中，人人都有夢想，都渴望成功，都想找到一條成功的捷徑。其實，捷徑就在你的身邊，那就是勤於積累，腳踏實地。

■壞習慣：不知長進

「我在這兒已做了卅年，」一位員工抱怨他沒有升級，「我比你提拔的許多人多了廿年的經驗。」

「不對，」老闆說，「你只有一年的經驗，你從自己的錯誤中，沒汲取任何教訓，你仍在犯你第一年來時犯的錯誤。」

好悲哀的故事！即使是一些小小的錯誤，你都應從其中學到些什麼。

「我們浪費了太多的時間，」一位年輕的助手對愛迪生說，「我們已經試了兩萬次了，仍然沒找到可以做白熾燈絲的材料！」

「不！」這位天才回答說，「但我們已知有兩萬種不能當白熾燈絲的東西。」

這種精神使得愛迪生終於找到了鎢絲，發明了電燈，改變了歷史。

錯誤很可能致命。錯誤會造成嚴重的結果，往往不在錯誤本身，而在於犯錯人的態度。能從失敗中獲得教訓的人，就能建立更強的自信心。

英國的索冉指出：「失敗不該成為頹喪、失志的原因，應該成為新鮮的刺激。」唯一避免犯錯誤的辦法是什麼事都不做。有些錯誤確實會造成嚴重的影響，所謂「一失足成千古恨，再回頭已是百年身」。然而，「失敗是成功之母」，沒有失敗，沒有挫折，就無法成就大事。

成功的人會從失敗中學會汲取教訓。失敗者是一再失敗，卻不能從其中獲得任何經驗。

■虛心檢討反省

每個人的事業都可能會有失敗的時候。從失敗中汲取教訓，找出紕漏所在，設法糾正，你有扭轉乾坤的力量。

細心檢討挫折的因果很重要，你一定要正視失敗以免重蹈覆轍。一位學者先後訪問了差不多兩百個事業上受過重大挫折的企業家，經過研究，發現人最普遍的失敗和遭受挫折的原因如下：

（1）處世無方

有些人精於打算，往往好表現自己，事事想占先，好占便宜，耍小聰明，搞小動作，搬弄是非；因此，人際關係常常比較緊張。因為處世無方而失敗的人，多半會歸咎「辦公室權術」害了他們；但所謂權術，往往只是正常的人際關係而已。你可能有很高深的學術知識，卻仍然缺乏社會知識——耐心傾聽、推己及人、批評中肯而又有接受批評的能力。成功的人肯承認錯誤，甘受責備，再做下去；他們懂得怎樣博取整體支持。

如果人們不喜歡你，他們讓你可能成事不足、敗事有餘。有一天在飛機場，一位旅客見到一個衣冠楚楚的商人大聲叱喝、責罵搬運員處理行李不當。商人罵得越凶，搬運員越顯得若無其事。商人走後，這位旅客稱讚搬運員有涵養。「噢！沒關係。」他微笑著說，「你知道嗎，那個人要去佛羅里達的，可是他的行李嘛……將會運到密西根。」這就說明：和你共事的人，即使是你的下屬，只要受了你的氣，也會背地裡扯你後腿。

相反地，只要你精於處世之道，通情達理、討人歡喜，一旦犯錯，支持你的人總會幫你掩蓋。事實上，犯了一次錯之後，如果你以練達負責的態度來處理這次錯誤，說不定你的事業反而會更上一層樓。

（2）入錯了行

成功有賴一個人能把才幹、興趣、個性、風格和價值觀念淋漓盡致地在工作中得到發揮。

布朗是美國一位最成功的電影製片家，但先後被三家公司革職，才體會到大公司的工作對他不合適。他在好萊塢晉升為「二十世紀福斯公司」第二號人物，後來建議攝製「埃及豔后」，不料這部影片賣座率極低。接著公司大裁員，他也被炒了魷魚。

在紐約，布朗在「新美國文庫出版公司」任編輯部副總裁，但是幾位股東聘請了一位局外人，而他和這人意見不合，於是又被解聘了。

回到加州，布朗又進了「二十世紀福斯公司」，在高層任職六年。不過董事會不喜歡他所建議拍攝的幾部影片。他又一次被革職。

布朗開始認真檢討自己的工作態度。他在大機構做事一向敢言、肯冒險，喜歡憑直覺處事，這些都是老闆的作風而不是當職員的作風。他痛恨公司的管理方式，也不喜歡企業的工作作風。

分析了失敗原因之後，布朗和賽納克聯手自立門戶，攝製「大白鯊」、「裁決」等影片，都取得了成功。布朗是一位失敗的公司行政人員；但他天生是個企業家，只是過去一時沒有發揮潛力而已。

（3）不能投入

一位律師是一個典型的「不想吃虧」的人。他直言不諱地說：「我的確沒有追求到我的願望。」其實這也不足為怪。他從來就沒有認真嘗試，免得招致失敗。只要他不投入，不下定決心，他就總可以對自己說：我反正並不那麼重視這件事。

他在一家有名望的法律學院畢業後，進入了美國西岸一家大企業工作，希望在娛樂圈內學得專長，可是不知為何，結果是事與願違。他於是說：「我採取了不冷不熱的做事態度，不違逆資深股東，又不真的去做好工作。」

他搬到東岸，又去一家律師事務所工作。六個月之後，上司示意他辭職，因為他根本沒有顯示出自己的工作才幹。他說：「我才不在乎呢！反正我本來就不喜歡這家律師事務所。」現在，他專做娛樂圈內的法律事務，但始終不滿意。他說：「不瞞你說，這是小生意。」

（4）目標渙散

有些人為了獲得眼前利益，往往做太多事情，結果沒有一樣做得精。有一位房地產商人，他居然記不清自己手頭到底有多少宗交易。他先是做一座商業辦公樓的出租生意，接著增加到兩座，後來隨著生意的發展，他開始擴展到其他行業的業務。他回憶道：「刺激得很，我在試驗自己的極限。」

有一天，銀行來了通知，說他擴張過度，風險太大，銀行停止給他信貸。這位奇才於是失敗了。

起初他怨天尤人，埋怨銀行，埋怨經濟環境，埋怨職員。最後他說：「我明白我沒有量力而為，欲速不達。」

答案是重定目標，找出他最拿手的生意——發展地產。他熬了好幾年，終於慢慢躍起來了。如今，他又成為一位成功的商人，做事也更有分寸了。

有自知之明，分緩急輕重，目標明確地工作，這些都是成功之道。

（5）驕傲自大

「有些人總是比一般人多知道些事情，」紐約市洛克斐勒集團的副總裁布蘭丹・塞克斯頓說，「因此很容易就會以為自己無所不知。」

一九九〇年，有人揭發名校史丹福大學要納稅人負擔一些與政府研究工作無關的開支，例如買了一艘廿二公尺長的遊艇，以及為大學校長唐納德・甘迺迪的新夫人舉行了一個歡迎酒會。可是甘迺迪不認錯。他承認曾用公費支付一些「間接研究費用」，包括購買餐巾、桌布以及在他住宅裡舉行一次晚宴的開支。他還說：「我甚至可以理直氣壯地說，這屋裡每一朵花都應該用間接研究費用來購買。」

甘迺迪用這種狂妄態度處理這宗引起公憤的事，結果是自掘墳墓。「他似乎認為他做的每一件事都是完全正當的——因為是他做的。」史丹福大學裡一個熟悉內幕的人說。此事沒過幾個月，甘迺迪宣布辭去校長職務。

（6）不計後果

有些人腦子裡總是在想：「我的下一個高招……」由於他們老是覺得自己無所不知，所以都喜歡行險招，結果往往是聰明反被聰明誤，就像前美國參議員蓋瑞・哈特（Gary Hart）那樣。

哈特曾被紐約時報譽為「當代美國政界最有智慧的人之一」，一九八七年初，他競選民主黨總統候選人，聲望極高。當時有傳言說他有婚外情，他於是向新聞記者提出挑戰：「跟蹤我吧！」他們真的去跟蹤他，結果發現他和廿九歲的模特兒唐娜・萊斯在一起。一張小報刊出了哈特在遊艇「胡鬧」號上把萊斯抱在懷裡的照片後，哈特想成為總統的美夢隨即破碎了。

這是他自己不計後果的結果。

（7）過分好勝

許多人都不了解一個簡單的事實：在這方面勝人一籌，並不等於在另一方面也一定能成功。

哈佛商學院畢業生維克托．奇亞姆(Victor Kiam)利用電視廣告推銷他的雷明登產品，賺了好幾百萬美元。一九八八年，奇亞姆收購了職業足球隊「新英格蘭愛國者」隊。可是，經營一支正在掙扎著求生存的足球隊和推銷電動刮鬍刀完全是兩回事，他不久就虧損慘重。到奇亞姆把球隊轉讓的時候，他已經損失了幾百萬美元。

許多有傑出成就的人都會從這些大錯中汲取教訓。他們願聽別人的意見，不會目空一切。他們積極徵求下屬的建議，知道自己的弱點在哪裡。

已故的山姆．華頓是一位商界奇才，把一家賣廉價商品的鋪子發展成為有資產五百五十億美元的沃爾瑪商場集團。他的成功之道是不把自己關在總部裡面。他常常乘私人飛機到全國各地巡視各分店，聽取「合作者」的意見，甚至向顧客贈送巧克力花生糖。

華頓的謙虛是他成功的另一因素，這會令競爭者低估了他，而他的雇員則覺得什麼都可以對他說。「我們並不是精明過人，但我們肯改革。」華頓去世前不久曾這樣說。我們只需相信這句話的後半句。

哈羅德．丁克爾在卅九年教書生涯中注意到一件事。他說，進入社會後取得傑出成就的學生，幾乎沒有一個是從前在學校裡成績最優異的學生。其中一個原因是那些精明學生會犯愚蠢的錯誤而自毀前程；但更重要的原因是：那些成功的人知道，如果你只是第二名，就要加倍努力。

機會飄忽不定，你最初所走的路可能半途又更改了。但是，只要你能想清楚失敗的關鍵，只要你想到自己是個永遠有選擇餘地的人，便算是得到了價值無窮的教訓了。

學習釋然

很多時候，低潮來自於外在環境的限制與挫折、災禍。而成功者性格豁達，淡泊明志，寵辱不驚，生死泰然。美國作家湯馬斯・卡萊爾就是一個明成功者。

一天，卡萊爾的《法國革命史》一書手稿，被女僕誤作為火種燒毀了。幾年辛勞，付諸東流。一時間，卡萊爾不免捶胸頓足起來。沒多久，他那了不起的心理承受力，對滅頂之災釋然一笑的樂觀胸襟，使這位作家跨越了危機，重新振作起來。後來，他重新一字一句地寫完了這本書。此書為大眾認可，成了歷久不衰的名著。

成功者知道，一個人要能自在地生活，心中就需要多一份坦然。笑對人生的人比起在曲折面前悲悲戚戚的人，始終堅信前景美好的人比心頭常常密布烏雲的人，更能得到成功。

湯馬斯・愛迪生也是一個成功者。

一九一四年十二月的一天晚上，愛迪生在新澤西州某市的一家工廠失火，將愛迪生近一百萬元的設備和大部分研究成果燒得乾乾淨淨。第二天，這位六十七歲的發明家在他的希望與理想化為灰燼之後，來到現場。大家都用同情和憐憫的眼光看著他，而他卻鎮定自若地對眾人說：「災難也有好處，它把我們所有的錯誤都燒光了，現在可以重新開始。」

正是這種超凡脫俗的樂觀心態，使這位大發明家在事業上步步邁向成功。

馬克．吐溫被評論家們稱羨為美國最偉大、最愛開玩笑的人。其實，作為美國最深刻的哲學家之一，他也是一個成功者。

馬克．吐溫從小就接觸到生活的種種悲劇：兩個哥哥和一個姐姐，在他年輕時相繼死去；他的四個孩子，一個個先他而去。他飽嘗了生活的苦楚，可他堅信，如果我們以歡笑為止痛劑來減輕失敗的苦痛，我們也能得到樂趣。我們可以適當地使自己處於超然的地位，來觀賞我們自身痛苦的情景。

在沉重的打擊面前，成功者有處變不驚的樂觀心態，這樣就能戰勝沮喪，化坎坷崎嶇為康莊大道。成功者知道，你可能一時丟掉了原本屬於你的東西，或是毀了一次機會，但是，在精神上絕不能失望毀滅。冷靜而豁達，愉快而坦然是成功的催化劑，是另闢蹊徑、迎接勝利的法寶。

一個成功者說：「在生活的舞台上，學著像個演員那樣，感受痛苦；此外，也學著旁觀者那樣，對你的痛苦發出微笑。」微笑，可以使我們和痛苦保持距離，這是一種很高超的修養。適當地嘲笑我們的失敗和我們身陷其中的困境，可以幫助我們少受失敗和困境的傷害，幫助我們保持對自己和未來的信心。

■勇敢面對

古人說：「天下不如意事，十常八九。」這話不無道理。在生活中，事事如意、一帆風順的事情很少。或學習上遇到困難，或工作中受到挫折，或生活上遭到不幸，或事業上遭到失敗，這些都有可能發生。當不幸的命運降臨到我們身上的時候，我們應當怎麼辦呢？

中國近代文學家魯迅先生說得好：「偉大的胸懷，應該表現出這樣的氣概——用笑臉來迎接悲慘的命運，用百倍的勇氣來應付自己的不幸。」在生活中，倘若遭遇到不幸，成功者就會鼓起勇氣，振作精神，以剛毅的精神和厄運進行不屈的鬥爭。

在生活中的不幸面前，堅強剛毅的性格也是決定是否成功的關鍵。法國現實主義學者巴爾扎克說：「苦難對於一個天才是一塊墊腳石，對於能幹的人是一筆財富，而對於庸人卻是一個萬丈深淵。」成功者在厄運和不幸面前，不屈服、不後退、不動搖，頑強地同命運抗爭，因而在重重困難中開拓一條通向勝利的路，成了征服困難的英雄，掌握自己命運的主人。而有的人在生活的挫折和打擊面前，垂頭喪氣，自暴自棄，喪失了繼續前進的勇氣和信心，於是成了庸人和懦夫。

培根說：「好的運氣令人羨慕，而戰勝厄運則更令人欽佩。」生活中，人們對於那些衝破困難和阻力、經受重大挫折和打擊而堅持到底的成功者，其敬佩程度是遠在生活的幸運兒之上的。征服的困難愈大，取得的成就愈不容易，就愈能說明你是真正的英雄。當接連不斷的失敗使愛迪生的助手們幾乎完全失去發明電燈泡的熱情時，愛迪生卻靠著堅忍不拔的意志，排除了來自各個方面的精神壓力，經過無數次實驗，才發明了電燈，終於為人類帶來了光明。愛迪生的超人之處，正在於他對挫折和失敗表現出了超人的頑強剛毅精神。

沒有一個人生而剛毅，也沒有一個人不可能培養出剛毅的性格。我們不要神化強者，以為自己成不了那種鋼鐵般堅強的人。其實，普通人所有的猶豫、顧慮、擔憂、動搖、失望等等，在一個強者的內心世界也都可能出現。魯迅彷徨過，伽利略屈服過，哥白尼動搖過，奧斯特洛夫斯基想到過自殺，但這正是他們學習堅強剛毅的關鍵。剛毅的性格和懦弱的性格之間並沒有千里鴻溝，剛毅的人不是沒有軟弱，只是他們能夠戰勝自己的軟弱。只要加強鍛鍊，從多方面對軟弱進行鬥爭，那就可能成為堅強剛毅的人。

如果你想培養自己承受悲慘命運的能力，你可以學著在自己的生活中採用下列技巧：

（1）下定決心堅持到底

局面越是棘手，越要努力嘗試。過早地放棄努力，只會增加你的麻煩。面臨嚴重的挫折，只有堅持下去，加倍努力並增快前進的步伐。下定決心堅持到底，並一直堅持到把事情辦成。

（2）不要低估問題的嚴重性

要現實地估計自己面臨的危機，不要低估問題的嚴重性。否則，想改變局面時，就會感到準備不足。

（3）作出最大的努力

不要畏縮不前，要使出自己全部的力量來，不要擔心把精力用盡。成功者總是作出極大的努力，而面對危機時，他們卻能作出更大的努力，他們不去考慮是否疲勞、是否筋疲力盡。

（4）堅持自己的立場

一旦你下定決心要衝向前去，要像服從自己的理智一樣去服從自己的直覺。承受家人和朋友的壓力，採取你所堅信的觀點，堅持自己的立場。是對是錯，現在就該相信你自己的判斷力和智慧了。

（5）生氣是正常的

當不幸的環境把你推入危機之中時，生氣是正常的。一方面對你來說，重要的是要弄明白自己在造成這種困境中起了什麼作用；另一方面，你是有權利為了這些問題花了那麼多時間而惱火的。

（6）不要試圖一下子解決所有的問題

當經歷了一次嚴重的危機或像親人去世這樣的嚴重事件之後，在你的情緒完全恢復以前，要滿足於每次只邁出一小步。不要企圖當個超人，一下子解決自己所有的問題，要挑一件力所能及的事，就做這麼一件，而每一次對成功的體驗都會增強你的力量和積極的觀念。

（7）接受別人的安慰

無論局面好壞，失敗者總是一味地抱怨不停。結果當危機真的來臨時，人們很少會信以為真並且安慰他們，因為人們已經習慣了他們的消極態度，就像那個老喊「狼來了」的孩子一樣。但是，如果你是個積極的人，平時能很好地應付自己的生活，那麼，在困境中，你可以放心地把自己的懊悔和恐懼告訴別人，給別人安慰你的機會，你理當得到這種支持，而且對於自己這種請求，你完全可以感到坦然。

（8）堅持嘗試

克服危機的方法不是輕易就能找到的。然而，如果你堅持不懈地尋求新的出路，願意在成功的可能性很低的情況下去嘗試，你就能找到出路。要保持自己頭腦的清醒，睜大眼睛去尋找那些在危機或困境中可能存在的機會，與其專注於災難的深重，莫若努力去尋求一線希望和可取的積極之路，即使是在混亂與災難中，也可能形成你獨到的見解，它將把你引導到一個值得一試的新的冒險之中。

踏出改變的一步

報紙上曾經報導有一位乞丐靠乞討成為百萬富翁。這在許多人心中難免起疑：依靠人們施捨一分、一毛的人，為何卻擁有如此巨額的存款？事實上，這些存款當然並非憑空得來，而是由一點點小額存款累聚而成。從一分到十元，到千元，到萬元，到百萬，就這麼一點點積聚而成。若想靠乞討很快存滿一百萬美元，那是幾乎不可能的。

有個技巧是，想實現主目標時先設定「次目標」，這樣會比較容易於完成主目標。許多人會因目標過於遠大，或理想過於高遠而輕易放棄，這是很可惜的。如果設定「次目標」便可較快獲得令人滿意的成績，能逐步完成「次目標」，心理上的壓力也會隨之減小，主目標總有一天也能夠實現。

曾經有一位六十三歲的婆婆從紐約市步行到了佛羅里達州的邁阿密市。經過長途跋涉，克服了重重困難，她到達了邁阿密市。在那兒，有位記者採訪了她。記者想知道這路途中的艱難是否曾經嚇倒過她？她是如何鼓起勇氣徒步旅行的？

婆婆答道：「走一步路是不需要勇氣的。我所做的就是這樣。我先走了一步，接著再走一步，然後再一步，我就到了這裡。」

是的，做任何事，只要你邁出了第一步，然後再一步步地走下去，你就會逐漸靠近你的目的地。如果你知道你的具體的目的地，而且向它邁出了第一步，你便走上了成功之路！

每個人都應該有長遠的目標。要成功前先做一個不太成功的人，而不是過度成功的人，也就是說，採取初級步驟。例如，如果你最終想減重五十磅，擁有健美的身材，他們會建議你先減重廿磅，而不是試圖向前邁出一大步，一下子減重五十磅；不是去健身房一個小時，而是只去廿分鐘。換句話說，設定一個不太成功但很實際的目標，然後自己堅持這個目標。這樣你就不會覺得壓力太大，而是覺得能夠應付。由於覺得自己能夠應付，你會發現自己渴望去健身房，或做生活中其他需要你做或改變的事情。總之，聰明的人先是擁有宏偉的大膽的夢想，然後每天做一點事情，也就是說，用小步穩妥地向成功靠近。

化劣勢為優勢

三個旅行者早上出門時，一個旅行者帶了一把傘，另一個旅行者拿了一根枴杖，第三個旅行者卻什麼也沒有拿。

晚上歸來，拿傘的旅行者淋得渾身是水，拿枴杖的旅行者跌得滿身是傷，而第三個旅行者卻安然無恙。前面的旅行者非常納悶，問第三個旅行者：「你怎會沒有事呢？」

第三個旅行者沒有回答，而是問拿傘的旅行者：「你為什麼會淋溼而沒有摔傷呢？」拿傘的旅行者說：「當大雨來到的時候，我因為有了傘，就大膽地在雨中走，卻不知怎麼就淋溼了；當我走在泥濘坎坷的路上時，我因為沒有枴杖，所以走得非常小心，專揀平穩的地方走，所以沒有摔傷。」

然後，他又問拿枴杖的旅行者：「你為什麼沒有淋溼而摔傷了呢？」拿枴杖的說：「當下大雨時，我因為沒有帶雨傘，便選能躲雨的地方走，所以沒有淋溼；當我走在泥濘坎坷的路上時，我便用枴杖拄著走，卻不知為什麼常常跌跤。」

第三個旅行者聽後笑笑說：「這就是為什麼你們拿傘的淋溼了，拿枴杖的跌傷了，而我卻安然無恙的原因。當大雨來時我躲著走，當路不好時我小心地走，所以我沒有淋溼也沒有跌傷。你們的失誤就在於你們有憑藉的優勢，認為有了優勢便少了憂患意識。」

成功的人知道：許多時候，我們不是跌倒在自己的缺陷上，而是跌倒在自己的優勢上，因為缺陷常常給我們提醒，而優勢卻常常讓我們失去戒心。

堅持不懈的史蒂芬金

一位燙衣工人住在拖車房屋中，週薪只有六十美元。他的妻子上夜班，不過即使夫妻倆都工作，賺到的錢也只能勉強餬口。燙衣工的孩子耳朵發炎，他們只好連電話也拆掉，省下錢去買抗生素治病。

這位工人希望成為作家，夜間和週末都不停地寫作，打字機的劈啪聲不絕於耳。他的餘錢全部用來支付郵費，不停地寄稿件給出版商和經紀人。

他的作品全給退回了。退稿信很簡短，非常公式化，他甚至不敢確定出版商和經紀人究竟有沒有真的看過他的作品。

一天，他讀到一部小說，令他想起了自己一部未被採用的作品，於是他把自己的手稿寄給那部小說的出版商。出版社把手稿交給了編輯皮爾・湯姆森。

幾個星期後，他收到湯姆森的一封熱誠親切的回信，說原稿的瑕疵太多。不過湯姆森相信他有成為作家的希望，並鼓勵他再試試看。

在此後十八個月裡，他再寄去兩份手稿，但都退還了。他開始試寫第四部小說，不過由於生活所迫，經濟上左支右絀，他開始放棄希望。

一天夜裡，他把手稿扔進垃圾桶。第二天，他妻子把它撿回來。「你不應該半途而廢，」她告訴他，「特別在你快要成功的時候。」

他瞪著那些稿紙發愣。也許他已不再相信自己，但他妻子卻相信他會成功，一位他從未見過面的紐約編輯湯姆森也相信他會成功，因此每天他都寫一千五百字。

他寫完了以後，把小說寄給湯姆森，不過他以為這次又準會失敗。

可是他錯了。湯姆森的出版公司預付了兩千五百美元給他，史蒂芬·金的經典恐怖小說《魔女嘉莉》於是誕生了。這本小說後來銷售五百萬冊，並被改編、攝製成電影，成為一九七六年最賣座的電影之一。

聰明的人都知道沒有人能一步登天。真正使他們出類拔萃的，是他們心甘情願地一步接一步往前邁進，不管路途多麼崎嶇。

不服輸的林肯

一八三二年，林肯失業了，這顯然使他很傷心，但他下決心要當政治家，當州議員。糟糕的是，他競選失敗了。在一年裡遭受兩次打擊，這對他來說無疑是痛苦的。

接著，林肯著手自己開辦企業，可一年不到，這家企業又倒閉了。在以後的十七年間，他不得不為償還企業倒閉時所欠的債務而四處奔波，歷盡磨難。

隨後，林肯再一次決定參加競選州議員，這次他成功了。他內心萌發了一線希望，認為自己的生活有了轉機：「可能我可以成功了！」

一八三五年，他訂婚了。但離結婚還差幾個月的時候，未婚妻不幸去世。這對他精神上的打擊實在太大了，他心力交瘁，數月臥床不起。一八三六年，他得了神經衰弱症。

一八三八年，林肯覺得身體狀況好轉，於是決定競選州議會議長，可他失敗了。一八四三年，他又參加競選美國國會議員，這次仍然沒有成功。

林肯雖然一次次地嘗試，卻一次次地遭受失敗：企業倒閉、戀人去世、競選敗北。要是你碰到這一切，你會不會放棄——放棄這些對你來說將意味著什麼？

林肯具有執著的性格，他沒有放棄，他也沒有說「要是失敗會怎樣？」一八四六年，他又一次參加競選國會議員，最後終於當選了。

兩年任期很快過去了，林肯決定要爭取連任。他認為自己作為國會議員表現是出色的，相信選民會繼續選舉他。但結果很遺憾，他落選了。

因為這次競選他賠了一大筆錢，林肯申請當本州的土地官員。但州政府把他的申請退了回來，拒絕的理由：「作本州的土地官員要求有卓越的才能和超常的智力，你的申請未能滿足這些要求。」

接連又是兩次失敗。在這種情況下你會堅持繼續努力嗎？你會不會說「我失敗了」？

然而，作為一個聰明人，林肯沒有服輸。一八五四年，他競選參議員，但失敗了；兩年後他競選美國副總統，結果被對手擊敗；又過了兩年，他再一次競選參議員，還是失敗了。

林肯嘗試了十一次，只成功了兩次，但他一直沒有放棄自己的追求，他一直在做自己生活的主宰。一八六〇年，他當選為美國總統。

亞伯拉罕・林肯遇到過的敵人你我都曾遇到。他面對困難沒有退卻、沒有逃跑，他堅持著、奮鬥著。他壓根兒就沒想過要放棄努力，他不願放棄，所以他成功了。

一個人想做成任何大事，都要能夠堅持下去，堅持下去才能取得成功。說起來，一個人克服一點兒困難也許並不難，難的是能夠持之以恆地做下去，直到最後成功。

突破身體限制的霍金

如果有誰向我們說：一個中樞神經殘廢，肌肉嚴重衰退，失卻了行動能力，手不能寫字，話也講不清楚，終生要靠輪椅生活的青年，憑借一個小書架、一塊小黑板，還有一個他以前的學生做助手，竟然在天文學的尖端領域——黑洞爆炸理論的研究中，通過對「黑洞」臨界線特異性的分析，獲得了震撼天文界的重大成就。對此，你一定會感到驚奇。然而，這卻是不容置疑的事實，他為此榮獲了一九八〇年度的愛因斯坦獎金。

他的名字叫史蒂芬．霍金，是個英國人，當時只有卅五歲。更有趣的是，作為天文學家，他從不用天文望遠鏡，卻能告訴我們有關天體運動的許多祕密。他每天被推送到劍橋大學的工作室裡，做著他饒有興趣的研究工作。

我們常常驚歎那些專業知識的底子甚薄、然而在某些或某一個特殊方面、特殊領域成就卓著的「鬼才」。其實，奇人霍金的研究方式和研究手段，以及他藉此獲得的卓越成就，說明世間還有另一類「鬼才」，即由於殘疾等方面不幸的折磨和求生慾望的熾烈而激發的特殊洞察力或特異才能。他們知道，只要人的精華——思維著的大腦依然蓬勃地工作著，就有無可限量的人生希望和創造潛力，就不存在不能克服的困難。在這裡，悲觀或者樂觀、堅強或者懦弱、前進還是退卻、依附還是自立，像效率可靠的閥門一樣，給殘疾人的生存智慧開啟著成功之路或自暴自棄的際遇。

霍金贏得了科學界公認的理論物理學研究的最高榮譽。就算是體魄健全、研究工作條件一流的理論物理學的研究工作者們，又能有幾個獲得這樣的殊榮？這似乎暗示著，對真正的聰明人來說，不論他的生存條件如何，都不會自我磨滅自身潛藏的智能，不會自貶可能達到的人生高度。他會鍥而不捨地去克服一切困難，發掘自身才能的最佳生長點，揚長避短、踏踏實實地朝著人生的最高目標堅定地前進！

走出時運不濟的艾柯卡

李・艾柯卡曾是美國福特汽車公司的總經理，後來又成為克萊斯勒汽車公司的總經理。作為一個聰明人，他的座右銘是：「奮力向前。即使時運不濟，也永不絕望，哪怕天崩地裂。」他一九八五年發表的自傳，成為非小說類書籍中有史以來最暢銷的書，印數高達一百五十萬冊。

艾柯卡不光有成功的歡樂，也有挫折和懊喪。他的一生，用他自己的話來說，叫做「苦樂參半」。一九四六年八月，廿一歲的艾柯卡到福特汽車公司當了一名見習工程師，但他對和機器作伴、做技術工作不感興趣；他喜歡和人打交道，從事經銷。

艾柯卡靠自己的奮鬥，由一名普通的推銷員，終於當上了福特公司的總經理。但是，一九七八年七月十三日，他被妒火中燒的大老闆亨利・福特開除了。當了八年的總經理，在福特工作已卅二年，一帆風順，從來沒有在別的地方工作過，突然間失業了。昨天他還是英雄，今天卻好像成了麻瘋病患者，人人都遠遠避開他，公司裡的所有朋友都拋棄了他，這是他生命中受到的最大的打擊。「艱苦的日子一旦來臨，除了做個深呼吸，咬緊牙關盡其所能外，實在也別無選擇。」艾柯卡是這麼說的，最後也是這麼做的。他沒有倒下去，他接受了一個新的挑戰：應聘到瀕臨破產的克萊斯勒汽車公司出任總經理。

艾柯卡，這位在世界第二大汽車公司當了八年總經理的事業強者，憑他的智慧、膽識和魄力，大刀闊斧地對企業進行了整頓、改革，並向政府求援，舌戰國會議員，取得了巨額貸款，重振企業雄風。一九八三年八月十五日，艾柯卡把面額高達八億多美元的支票，交給銀行代表手裡，至此，克萊斯勒還清了所有債務；而恰恰是五年前的這一天，亨利・福特開除了他。

如果艾柯卡不敢勇於接受新的挑戰，在巨大的打擊面前一蹶不振、偃旗息鼓，那麼他和一個普通的失業勞工就沒有什麼區別了。正是不屈服挫折和命運的挑戰精神，使艾柯卡成為世人所敬仰的人。

Part 5

改變理財逆境

■正確的理財方法

成功的人，在理財上會很嚴謹。在一個家庭裡，家庭成員有各自不同的需求，而且不可能被同樣程度的花費、節約和儲蓄的限制所束縛。

（1）確定你的合理支出

要確定現有的收入應該花在哪些地方，至少要收集過去半年的花費記錄，然後，按下列的科目分類，分別劃入各項開支：

◎固定的開支：包括：每月的房屋租金或管理費、水電費、瓦斯費、電話費、貸款償還等。

◎非固定開支：包括：食物、家庭生活用品、家庭傭工、個人開銷、衣物被褥、交通費用支出、家具設備、醫療費用、娛樂消遣、交際費用、書報費、儲蓄和其他支出等等。

在這裡，我們使用了固定支出這一專用名詞，但即使是「固定」的，也仍然有可能是變化的。固定支出包括一些基本的支出，這些基本支出為其他的財務計畫打下了基礎，而且，這也是實行財務控制所必需的步驟。

下面三個問題有助於確定固定支出：

1.他應該購買還是應該租賃房子？

2.他應該擁有多少保險？

3.在什麼情況下，他應該借或是買某件東西？對許多家庭來說，有時租借住宅，有時則自行購買。無論租借還是購買，兩者各有利弊。這要根據你的具體情況靈活決定。

（2）享樂的開銷要小氣

在獲得一定程度的成功之前，滿足個人享樂方面的開銷，應該像個守財奴似的小氣。這就意味著，他應該盡可能優先考慮擺在他面前的這類開支，例如：參加一個自我提高課程的學習、加入一個有利於自己事業發展的俱樂部等等；而對另一類支出，如夜生活、賽車、快艇等等，則應該十分吝嗇。如果他首先考慮滿足事業上的需要，那麼，其他方面的生活內容也將逐漸豐富起來。

（3）有一筆應急儲蓄

隨著一個人年齡的增長，他對家庭所負的責任也逐漸加重。他的家庭日益增加的飲食、醫療、娛樂、交通和接受教育等各方面的開支，都要靠他的收入來滿足。他所擬定的最合適的家庭收支計畫，可能被一次未曾預料到的突發事件所損害，甚至被永久地毀滅掉。即使他為了防止意外事件給自己作了部分保險，也會因為對飛來的橫禍毫無準備而擊倒。因此，對任何一個人來說，都需要應急儲蓄，就像一個企業公司，為意外開銷或負債而保持一定的儲蓄一樣。

（4）為未來投資

一個企業的所有者，或它的經理，總是將所得的盈利進行再投資，擴大再生產，以發展他的事業。對個人也一樣，他的財產增長，取決於他的能力和他是否樂意將他的部分收入進行再投資。這種投資可以採取多種形式：銀行定存、一定形式的保險、租金收入、股票、公共債券、商業或企業投資等等。

把錢花在刀口上

聰明的人士懂得，理財的宗旨不只是純粹的賺錢，手段當然也不僅限於各種開闢財源的方式。會賺錢也要懂得如何花錢。怎樣才能做到「會花錢」呢？聰明人的建議是：

（1）編寫預算

編製預算應視為個人日常生活計畫的一部分，比如年內大型休閒旅遊計畫或一週內購物金額，花費多少都與你的生活計畫和質量有關。

預算的編制也應注重實際可行性。比如說，如果每天三餐中固定一餐必須在外頭吃時，買一盒五十元的便當，或上一趟小館子，或吃一頓西式大餐，就有很大差別。但是也不宜把預算定得死死的，遇有同事、朋友聚會或好朋友過生日，應付這些臨時支出也是不可避免的。因此預算應有一定程度的彈性。

除了個人的預算之外，如果你是一家之主，整個家庭的預算也應有所計畫。通常整個家庭的預算以年、月為單位編制比較合適，不必太細碎繁瑣。

預算不一定百分之百地被執行，而且預算制定了，並不表示已經達到節流。計畫性消費的目的是，如果你每個月花費超過或低於預算的百分之二十至百分之三十，就應該仔細評估一下你的預算是否編制得太寬裕或太緊縮，逐步修正。

當然，修正預算不能成為恣意消費的藉口，否則就達不到預算的節流功能了。

（2）準確記帳

聰明人認為，每日記帳才能落實預算的編制。絕不能忽略記帳的重要性。有帳目可查，預算才可能有效控制。

編制預算只是「節流」的構想，執行是否徹底應從每日、每月的記帳本上自我檢查。編了預算，勢必要按實情記帳，否則預算只是一種形式。記帳的方式毋庸贅言，市面上出現的記帳薄的樣式有很多種類，大小都有。主要內容不外乎收入、支出、項目、金額、總計等五大要項。

另外一種簡便的記帳方式是保存購物的票據以及一些其他的購物憑證。除了搭車、上小飯館等，大部分商店都會把收據、發票給顧客。其實發票計帳最為省事方便。只是發票上通常只有金額，而沒有項目，如果你要詳細記帳，分類標明支出，就必須另外整理。

（3）把錢花到「刀口」上

誰都願意少花錢多辦事。聰明人相信，花費同樣多的錢，如果設計得當，就可以獲得額外收益。額外收益越多，錢當然花得就越值得。想把錢花到刀口上，就要注意以下幾個效益：

◎邊際效益：人們消費不同商品時，所帶來的效用或滿足感是不同的。比如，一個人吃蛋糕，吃第一塊時感覺到香甜可口，心裡特別滿足，吃第二塊時也感到不錯，但吃第三塊時可能就飽了，不想再吃了。因此，在進行消費決策時，應把幾塊蛋糕的開支分散到其他需求上去。比如，吃兩塊蛋糕，再看一場電影、買一本雜誌等。花錢差不多，但效用大大提高。

◎要講求感情效益：同樣是添置衣物，倘若做父母的能在孩子上學前或生日時，帶著孩子一同去選購，那麼買回來的就不單是一兩樣實用的東西，同時也增加了親子之間的感情。同樣的，夫妻在添置家用設備時，若能考慮對方的要求，將對雙方感情有極大促進作用。

◎要注意時間效益。在生活中，有時你會碰到這樣的情況，為了學外語，你想買一台某某牌的ＣＤ或ＭＰ３，可是一時買不到，等過了很久好不容易買到時，已經耽誤了相當長一段學習的時間。或者，一位親友病重想吃某種新上市的水果，你為了省錢，想過幾天再買，不料病人竟在你等待水果降價期間，與世長辭了。所以，該花的錢別猶豫，這也是把錢花在刀口上的意義之一。

■把目光放遠

哈拉里和拉比這對戀人九〇年代初在大學讀繪畫藝術，並沉浸在海報的藝術靈感之中。有一天，拉比突發奇想，這麼精美的藝術作品，何不將它拿出去賣錢？兩人一拍即合。沒想到一張海報竟賣了五美元！五美元不多，但意義非同小可。從賣出第一幅校園海報開始，他們就確信，未來的唯一選擇就是做一個創業者了，因為他們從交易中找到了成功的感覺，發現了自己除具有技術能力外，還具有非凡的商業能力！而這些是一個創業者必備的素質，尤其是商業能力更是創業者必備的第一素質。我們許多年輕的創業者，往往容易忽視這一點，以為在技術方面超群，在商業上也能出類拔萃，而疏忽了商業能力的培育和發掘。許多創業者在這一點上是有切膚之痛的。

因此，創業者從細小的生活細節，了解自己的潛質，確立自己的創業方向，是至關重要的一步。

一九九四年，哈拉里和拉比畢業後，用賣海報所掙的一萬美元投資製造了一種叫「地球伙伴」的玻璃頭飾，一個月的銷售額就達一百萬美元。後來，他們認識了學國際商貿的瓦拉迪。瓦拉迪的加盟使他們如虎添翼，在技術上不斷創新，在業務上不斷拓展，生意十分紅火。拉比回憶道：「在創業的前一年半中，我要做的事情就是堅持，以及滿足突如其來的大量需求。」繼「地球伙伴」的成功之後，他們設計的另外兩種產品——魔棍橡膠玩具也大受歡迎，而一九九八年生產的空壓動力玩具飛機更是風靡歐美。

現在，已有很多買家提出收購這家公司，但這三個年輕人不為所動。他們認為，自己有能力將公司做得更好，技術能力和商業通路都很成熟，管理也有條不紊。談到成功的經驗，拉比說：「年輕時思維敏捷，又有商業潛質，而你又能及時發現這種潛質，並有意識地發展它，那麼你成功的機率就是雙倍的。」

哈拉里和拉比創建的加拿大多倫多 Spin master 玩具公司，一九九八年銷售額是兩百萬美元，一九九九年銷售額已達四百二十萬美元。

哈拉里和拉比目光遠大，善於權衡大小，重長遠，趨大利，不爭一時的利益，不愧是聰明人。

■講求信譽

奧斯曼是一個聰明人，他善於從長遠考慮問題，為了信譽寧願暫時賠錢。他目光遠大的作風給世人留下了深刻的印象。

一九四〇年，奧斯曼以優異的成績畢業於開羅大學並獲得了工學院學士學位，重新回到了伊斯梅利亞城。貧窮的大學畢業生想自謀出路，當一名建築承包商。這在商人看來簡直是白日做夢。奧斯曼也陷入窘境：「我身無分文，但為了這從事建築業，我可以委曲求全，從零開始。」

奧斯曼的舅父是一名建築承包商，他曾經開導奧斯曼：要有自己的思想，不要人云亦云。奧斯曼為了籌集資金，學習承包業務，鞏固大學所學的知識，便到了舅父的承包行當幫手。在工作中奧斯曼注意積累工作經驗，了解施工所需要的一切程序，了解提高功效、節省材料的方法。一年多的實踐讓奧斯曼收穫不小，但也有不少感慨：「舅父是一個缺乏資金的建築承包商。設備陳舊，技術落後，無力與歐洲承包公司競爭。我必須擁有自己的公司，成為一名有知識、有技術、能同歐洲人競爭的承包商。」

一九四二年，奧斯曼離開舅父，開始了自己當建築承包商的夢想。他手裡僅有一百八十埃鎊，卻籌辦了自己的建築承包行。

奧斯曼相信事在人為，人能改變環境，不能成為環境的奴隸。根據在舅父承包行所獲得的工作經驗，他確立了自己的經營原則：「謀事以誠，平等相待，信譽為重。」創業初期，奧斯曼不管業務大小、盈利多少，都積極爭取。他第一次承包的是一個極小的項目——為一個雜貨店老闆設計一個鋪面，合約金只有三埃鎊。但他沒有拒絕這筆微不足道的買賣，仍是頗費苦心，毫不馬虎。他設計的鋪面滿足了雜貨店老闆的心意，雜貨店老闆逢人便稱讚奧斯曼，於是奧斯曼的信譽日益上升。奧斯曼的經營之道贏得了顧客的信任，他的承包業務日漸發展。

一九五二年，英國殖民者為了鎮壓埃及人民的抗英鬥爭，出動飛機轟炸蘇伊士運河沿岸村莊，村民流離失所。奧斯曼承包公司開始了為村民重建家園的工作，用兩個月時間，為一百六十多戶村民重建了房屋，他的公司獲利五十四萬美金。

二十世紀五〇年代後，海灣地區大量發現和開發石油，各國統治者相繼加快本國建設步伐，他們需要擴建皇宮、建造兵營、修築公路。這給了奧斯曼一個發財的機會，他以創業者的遠見，率領自己的公司開進了海灣地區。他面見沙烏地阿拉伯國王，陳述自己的意圖，並向國王保證：他將以低投標、高質量、講信譽來承包工程。沙烏地阿拉伯國王答應了奧斯曼的請求。後來工程完工時，奧斯曼請來國王主持儀式，國王對此極為滿意。

「人先信而後求能」。奧斯曼講求信譽、保證質量的為人處世方法和經營原則，使他的影響不斷擴大。隨後幾年，奧斯曼在科威特、約旦、蘇丹、利比亞等國建立了自己的分公司，成為享譽中東地區的大建築承包商。

奧斯曼講求信譽的做法，在一定情況下會使自己吃虧。但在這種情況下，吃虧畢竟是暫時的。

一九六〇年，奧斯曼承包了世界上著名的亞斯文水壩工程。地質構造複雜、氣溫高、機械老化等不利因素給建築者帶來了重重困難。從所獲利潤來說，承包亞斯文水壩工程還不如在國外承包一件大建築。奧斯曼克服一切困難，完成了亞斯文水壩第一期的工程。但隨後卻發生了一件讓奧斯曼意料不到的事情，讓他吃了大虧。

納賽爾總統於一九六一年宣布國有化法令，私人大企業被收歸國有，奧斯曼公司在劫難逃。國有化後，奧斯曼公司每年只能收取利潤的百分之四，奧斯曼本人的年薪僅為三十五萬美元，這對奧斯曼和他的公司都是一次沉重的打擊。奧斯曼沒有忘記自己的諾言，他委屈求全，絲毫不記恨，繼續修建亞斯文水壩。

納賽爾總統看到了奧斯曼對亞斯文水壩工程所做的卓越貢獻，於一九六四年授予奧斯曼一級共和國勳章。奧斯曼保全了自己的形象與自己的處事原則，他並沒有白吃虧。一九七〇年薩達特執政後，發還了被國有化的私人資本。奧斯曼公司影響擴大，參加了埃及許多大工程的單獨承包。奧斯曼本人到一九八一年擁有四十億美元，成為馳名中東的億萬富翁。

與人交往，最重要的就是要講信譽，在商界有這樣一種說法：「有虧必有盈」，某次因為講求信譽而吃虧或經濟利益受損，卻會給自己長遠的事業帶來積極的影響甚至長遠的影響。

■從實用出發

新田富夫是一個善於重長遠、趨大利、不爭一時之先的聰明人。

當新田富夫最初拆開一個拋棄式打火機時，他只是對這種新式打火機很感興趣。而當他發現每支拋棄式打火機可連續使用一千次，售價卻比一千根火柴要低許多時，新田富夫頭腦中潛在的那種日本人特有的善於經商的火花一下子被點燃了：生產這種拋棄式打火機大大有利可圖。後來，他果然做成了舉世矚目的大生意——拋棄式打火機產品占領了日本國內市場的百分之九十，在世界拋棄式打火機市場上成為第二大供應商。

新田富夫畢業於一所電氣專科學校，善於觀察、肯動腦筋的他總是對一些陌生的新產品、各種電器甚至一些新奇的玩具抱有濃厚興趣。畢業後，他來到一家打火機製造廠工作。當時是二十世紀七〇年代初，日本的打火機市場上還沒有出現過拋棄式打火機。但是細心的新田富夫在一本雜誌上讀到法國一家公司一九七〇年出售過拋棄式打火機。出於職業的敏感，他跑遍圖書館和資料室，弄到一份介紹這種新式打火機的資料，又費盡周張買到幾個樣機。他開始精心地分析研究樣機。這種拋棄式打火機先灌好燃料，機身密封非常好，不漏氣，而且耐用，攜帶和使用都比火柴方便。新田富夫算了一下，一千根火柴要花四百日圓，而一個拋棄式打火機可以連續使用一千次，其成本可控制在一百日圓以內，這是多麼大的利潤啊！他當即決定要仿製生產這種新型打火機。

創業之初並不是一帆風順的。新田富夫頭兩次與人合作生產，不是因為品質不過關，就是打火機漏氣。兩次嘗試，兩次失敗，難道就此罷手嗎？新田富夫沒有氣餒，堅信自己繼續努力研製下去會有突破的。

為了攻克品質這一關，新田富夫將市場上各種品牌的拋棄式打火機全部搜集回來，進行分析對比，解剖研究。為此，還特地去了一趟法國，以獲取拋棄式打火機的最先進的資料和技術。皇天不負有心人，新田富夫終於研究出用超音波熔接接頭，使裝液化氣的機身高度密封，克服了幾乎所有拋棄式打火機的漏氣通病。此外，他還將歐洲同類產品的金屬機身改進為透明塑膠，這樣，消費者隨時可以看清液化氣剩餘量，也消除了對漏氣的不安。

新產品試製成功後，新田決定獨自生產。一九七二年，他自籌五百萬日圓，成立東海精器公司，以「蒂爾蒂．米蒂爾」牌子推出自己的新型拋棄式打火機，立即受到消費者的青睞。

在技術開發與生產中，新田富夫是個內行人。在公司的經營管理上，他也顯露出超出常人的才能。這再次顯示了他的聰明。

新田富夫一開始就為自己的產品找到一個明確的市場定位：針對廣大中下層人士。因此，在產品定價上，新田富夫提出一個「百元打火機」的經營宗旨，即打火機的售價為一百日圓。它比使用價值相同的一千根火柴的價格便宜百分之七十五，比它的競爭對手——世界最大的拋棄式打火機製造公司的「比克」牌售價低百分之五十。新田富夫「百元打火機」的定價策略實在是高明之舉。首先，它符合薄利多銷的生意經——並不是所有商品都適合套用。拋棄式打火機這種大眾化消費品可以為薄利多銷做最完美的註腳。其次，「百元打火機」一面市，就以其比同類產品價格低得多的優勢扎根生存下來，迴避了市場風險。此外，新田的這種薄利價格策略迎合了當時日本的社會環境。七〇年代的日本由於生活費用較高，社會上提倡家庭計畫開支，一個男人每天在外喝咖啡要兩百日圓，買報紙一百日圓，買香煙一百五十日圓，買個打火機花上一百日圓還算不上「超支」。

一種好產品要有與之相稱的銷售途徑。新田富夫深知，他的拋棄式打火機雖然方便適用，卻與高級打火機不能比，如果也擺在百貨公司的櫃台裡出售，就脫離了最適合消費它的大眾。所以，在制定營銷策略時，新田富夫把大眾消費者常去的香菸攤、雜貨店和車站等公共場所的小店作為主要銷售通路。在產品投入生產後不久，新田富夫便與東京煙斗公司商談合作，在全日本二十五萬個銷售店建立長期供貨關係。這樣，東海精器公司的「蒂爾蒂．米蒂爾」拋棄式打火機銷路很快就在全國打開。

與此同時，東海精器公司展開了強大的廣告宣傳攻勢。適逢世界拳王阿里要來日本比賽，新田富夫抓住電視台實況轉播的機會，投入三千五百萬日圓把「蒂爾蒂．米蒂爾」登上電視廣告。此舉使東海精器公司及其產品知名度大大提高，「蒂爾蒂．米蒂爾」打火機在各地的銷量急劇上升。此後，東海精器公司每年都要投入三十五億至八億日圓用於廣告宣傳，「蒂爾蒂．米蒂爾」成為日本家喻戶曉的著名品牌。

為了維護打火機的定價不超過一百日圓，東海精品公司通過不斷提高勞動生產率來降低生產成本。在一九八〇年竣工的東海公司富夫工廠裡，原來的許多人工操作的工序已改革為自動化生產，在電腦控制下，塑料機身、瓦斯控制件、火焰調整輪、打火齒輪等部位從自動生產線上下來，減少了次級品，生產率大幅度提高。現在，每支打火機總成本降到三十日圓，出廠價為五十日圓，市場售價控制在一百日圓以內已不成問題。

聰明人知道，小商品同樣能做成大生意，賺取高額利潤。其關鍵在於經商者要有長遠眼光。從當時看無利可圖，並不說明將來也無利可圖。能不能放開眼界，從近期的短暫利益中走出來，這是最重要的。拋棄式打火機是人們生活中一種微不足道的小東西，一般人都不屑一顧，認為生產它沒什麼利潤可言。但是做生意就是這樣：誰也不願意去經營的商品你去做了，你就可能抓住了賺錢的機會。真正的有心人，經常會留意身旁的的小物品，出驚天動地的大文章。

金錢不是一切

你可能聽到這種說法：你必須為任何享受到的成功付出代價。但是，成功者不會選擇付出如此無謂的代價。

許多人認為成功的定義就是要有很多錢。但是，成功者知道，金錢不是成功的最終目的，而只是幫助你實現成功的工具。

僅憑金錢本身不能保證你會成功。擁有財富並不是成功的終點：不是要讓你從此以後枕著柔軟的枕頭，每天舒舒服服地躺在床上，一件事也不用做；或只是一天到晚享用無盡的美食。一個人的成功，在於能夠每天早上對自己說：「我等不及要面對這一天，我熱切地想知道前面的路上有什麼事物在等著我，我將會有所學習和成長。我願意正面迎接挑戰，也有把握贏得每天的勝利。我滿心期待我今晚能好好地躺在床上，有個美夢。我知道我是最棒的，我會盡我所能去迎接各種可能面臨的事物。」

許多人「做五盼二」（不情願地工作五天，企盼著那兩天休息的日子）。他們從星期一工作到星期五，僅僅星期六、日兩天可以算是他們自己的日子。也就是說，他們一星期裡為別人辛勤工作五天，然後只有到了週末才算「擁有自己真正的生活」。

但在成功者看來，這些人一個星期有五天的時間都悄悄地流失掉了。成功是每一天——無論這一天是一星期裡的任何一天——都全心全意擁抱生命，熱切地迎接每一個機會和可能的挑戰。

你曾否把快樂當成目標？你不可能只因決定「今天我要快樂」，或「今天我要比昨天更快樂」就因而得到快樂。快樂絕不該是你生命的條件，想要因為加薪升級而得到快樂，無異是緣木求魚，快樂絕不可能是你所追求、努力，或奮鬥的結果。你可以在你的努力中期待許多報償——財務上的安全、智慧上的刺激、或是身心需要的滿足，但快樂不應該成為你的目標或爭取的目的。刻意追求它，是永遠得不到的。反而是當你不去在意它時，它卻翻然在你眼前出現。

一位成功者說：「欣賞你所做的——無論這一天是星期二或是星期六——這就是成功！」

感恩和知足

以寫《達到經濟自由的九個步驟》一書而成名並致富的奧曼自己買得起勞力士手錶和名牌服飾，開得起豪華跑車，也能夠到私人小島度假，卻坦白承認她沒有滿足感，甚至有好友在她身旁時她仍然感到寂寞。

奧曼說：「我已經比我夢想的還要富裕，可是我還是感到悲傷、空虛和茫然。錢財居然不等於快樂！我真的不知道什麼東西才能帶來快樂。」

像奧曼那樣，為錢奮鬥了大半輩子才悟出「有錢不一定快樂」道理的人不在少數。她如果肯在聖誕假期當中靜下心來讀讀普拉格的《快樂是嚴肅的題目》這本書，就會感悟出，感恩之心是快樂的祕訣。

普拉格的書中引述了一個觀點，就是人之所以不快樂，就是因為人本身出了問題，把有問題的部分修理好就行了。根據他的看法，不知感恩是造成我們不快樂的一大原因。特別是在布施禮物的「快樂假期」裡，他提醒做父母的應該好好教導孩子知道感恩與滿足。他認為：「如果我們給孩子太多，讓他們期望越來越大，就等於把他們快樂的能力給剝奪了。」他認為做父母、做長輩的有責任要求孩子們學會從心裡說「謝謝」。

知足也是快樂的重要條件。心理學家多易居說，佛家早就看出，人類不快樂的最大原因是慾望得不到滿足、期望得不到實現。而美國文化培養出來的普拉格則詳細區分「慾望」與「期望」，他說雖然慾望也許有礙快樂，卻是「美好人生」不可缺少和無法消除的成分。期望則是另一回事，例如，我們期望健康，但得付出代價。

普拉格舉例說，某一天你發現身上長了個瘤，你心懷忐忑找醫生檢查。一個禮拜後，當聽到良性瘤的診斷結果時，你會感到這一天是你一生中最快樂的一天。

事實上，這一天和你懷疑身上有瘤的那一天一樣，生理上的健康情形並沒有改變，如今你卻快樂得不得了，為什麼？因為今天你並沒有期望自己會很健康。

因此，他說我們能夠也應該「慾望」健康，但不應該「期望」健康！就好像我們不應期望人生當中許多事：求職考試順利、投資策略成功，甚至所愛的人長命百歲。他說，如果我們分不清「慾望」和「期望」，我們便會感到「失望」。期望得不到實現，不但會給我們帶來痛苦，也會破壞我們的感恩心。而感恩心情是快樂的必要條件。

所有快樂的人都心懷感恩，不知感恩的人不會快樂，而你期望越多，感恩心就越少。在期望獲得滿足的一剎那，我們必須想到那絕不是必然的事，既然如此，感恩之心會增加我們的愉悅，也會使我們將來不至於不快樂。

猶太教和佛教都教人隨時心懷感恩。猶太教徒凡事都要感謝上帝：為了盤中的食物、清晨醒來、休假，甚至見到美麗的彩虹，都有感激上帝的頌詞。佛教徒「上報四重恩」（三寶恩、父母恩、國家恩和眾生恩），當中的眾生恩也類似猶太教的感恩範圍，甚至更大。

各行各業的人努力工作，我們才有一切衣食器具與避風寒的屋宇，天下各種動物、植物、礦物的生存，提供我們維持生命和賞心悅目的資源。

一位成功者說：「我們要學會感恩和知足，只有這樣我們的生活才會真正快樂起來。」

■簡單生活是快樂的源頭

美國的理查德是一個崇尚返璞歸真、嚮往簡單生活的成功者。

他在幾年前搬了辦公室，新辦公室比原來的便宜，使他減少了一些財務上的壓力。另外，新辦公室離家很近，以前需要十五分鐘的車程，現在只要五分鐘就可以了。他一年幾乎要工作五十個星期，調換了新的辦公室，使他無形中一年省下了兩百個小時。當然，以前的辦公室看起來氣派一些，但他現在回顧起來，真是不值得為那「氣派」付出那麼多。

「簡單生活」並不是要你放棄所有的一切。實行它，必須從你的實際出發。理查德說，他提倡簡單生活，但工作決定了他必須擁有電腦。他說，簡單生活不是自甘貧賤。你可以開一部昂貴的車子，但仍然可以使生活簡化。一個基本的概念在於你想要改進你的生活品質而已。

關鍵是誠實地面對自己，想想生命中對自己真正重要的是什麼？

有一個崇尚簡單生活的人，在周圍的人都熱衷於大搞居室裝修時，他的房子沒有進行任何新裝修就「白著」住進去了。他說：「裝修的最高境界就是不裝修。」、「房子是給自己住的，不是給別人看的。將自己居住的房子裝修得像個五星級賓館，簡直是太土了！」

在他看來，自然才是一種美。由著個性簡單地裝修一下，更順眼，更舒服。

也許這個年輕人的做法有點兒「矯枉過正」，但在許多人以過度消費、瘋狂追求時髦、從而犧牲掉人生真正快樂的風潮中說，他的做法無疑是明智的，稱得上是一個成功者。

■內心富足，才是真富足

成功者認為：金錢並不是人生的目的，只是手段。他們知道，唯有讓金錢發揮正面的作用、造福我們身邊的人，否則它沒有什麼價值。當你能把所賺得的財富對社會作出相對的貢獻，那麼就能體會出人生最大的快樂。

除非你能夠把提升價值、賺得財富跟快樂連在一起，否則就無法長久這麼做下去。大部分人只知拚命賺錢，等賺到一定的財富時才去享受，這只會使他把賺錢跟痛苦連在一起。不要這樣，在賺錢的過程中，就要懂得享受所賺的，偶爾給自己一個意外的驚喜，譬如給自己買個很喜歡的東西，這樣你才會覺得賺錢還真是一件快樂而值得的事。

成功者都相信，發自於內心感受的富足才是真正的富足。前人所留下來的就足以讓我們覺得富足，想想看，我們沒畫什麼畫就能看到偉大的作品，沒作什麼曲就能聽到動人的音樂，沒付出任何心血就能接受良好的教育。去公園、郊外走走，好好徜徉在大自然的富足之中。明白自己此刻是個富裕的人，好好享受那些富裕吧。只要你能夠承認這也是一種富裕，心懷感恩就能使你的創造力源源不斷。

Part 6

改變成就靈活處事

成熟不必世故

在為人處世方面，成功的人是「成熟」而不必「世故」的。

在生活中，青年人總覺得為人處世難，渴望自己早一些成熟起來，可往往卻又無法分清成熟與世故的界限，而陷於世故的泥淖。那麼，到底怎樣區別成熟與世故呢？

成熟者能看到社會或人生的陰暗面，卻不被陰暗面所嚇倒，表面上沉靜而內心卻有一腔熱血。因為，面對黑暗面，有不平而不悲觀，既堅信希望在於將來，又執著於今天的努力。世故者也看到社會的陰暗面，但他們分不清主流和支流、本質和現象。他們因為曾在事業、理想、生活、愛情等方面遭受打擊或挫折便冷眼觀世，覺得人生殘酷，社會黑暗。他們自以為看透了社會和人生，以「眾人皆醉我獨醒」自居。在生活中，成熟與世故的區別具體表現為：

（1）虛偽與真誠

世故者由於過多地看到人生和社會的陰暗面，因而錯誤地認為人世間沒有真誠可言，把自己的內心世界封閉起來。對人外熱內冷，處處設防，奉行「見人只說三分話，未可全拋一片心」的處世原則。成熟者知道社會是複雜的，因此人的頭腦也應當複雜些。遇事要自己思索、自己做主，不輕信、不盲從；與人交往，考慮複雜些而不失其赤子之心，「和朋友談心，不必留心」；如果遇見不熟悉的人，切不可一下子就推心置腹。可以多聽少談，等真正了解後才可以敞開心懷。這是魯迅先生待人的經驗之談。

（2）利用和互助

世故者對周圍人採取於己有用者交往之，於己無用疏遠之的態度，交往的熱情，則同於己有用之程度成正比，即使是對同一個人也不例外；成熟者在處理人與人的關係上，堅持互惠互利，互幫互進的態度，有福共享，有難同當，患難時見真情。

（3）看風使舵與堅持原則

世故者觀風向、看氣候，見什麼人說什麼話，投人所好，八面玲瓏，採取「隨風倒」的處世方法。成熟者遇事頭腦冷靜，堅持原則，有主見，知道自己該做什麼，堅持什麼。

（4）玩世不恭和直面現實

世故者遊戲人生，採取滑頭主義和混世主義態度，專搞中庸，慣於騎牆。遇有原則問題需要辨明時，則莫問是非曲直，要不然就是模稜兩可。與人意見不一時，便以「今天天氣……哈哈哈」的態度加以迴避。對於社會上存在的種種乖巧行為，做冷眼旁觀。成熟者對事敢於發表自己的意見，敢做敢當，有「捨我其誰」的大丈夫氣概，往往小事糊塗，大事清楚。

（5）沉淪與奮進

成熟者和世故者也許都經歷過生活的艱辛、人生的磨難，但前者把挫折當成奮飛的起點，重新認識社會與自我，奮進不已，後者則奉行「先前所憎惡、所反對的一切」，拒斥「先前所崇仰、所主張的一切」，或者乾脆對一切無所謂，企求超脫社會，也許還會同惡勢力同流合污。

成熟是人生成功的重要標誌，世故只能把人生引入歧路。世故在人際交往中留下的印象足不可信、不可靠和不可近。一個這樣的人，自然很難在人生舞台上有出色的表演。

■可以不必答應

有這麼一個故事：

一個商人臨死前告誡自己的兒子：「你要想在生意上成功，一定要記住兩點：守信和聰明。」

「那麼什麼叫守信呢？」焦急的兒子問道。

「如果你與別人簽訂了一份合約，而簽字之後你才發現你將因為這份合約而傾家蕩產，那麼你也得照約履行。」

「那麼什麼叫聰明呢？」

「不要簽訂這份合約！」

這位商人指明的道理不僅僅適用於商業領域。既然你已經許下諾言，那麼不管是什麼樣的情況，你都不能反悔。假如你已經作了某個承諾，尤其是關於人們的未來及前途方面的承諾，你就必須履行諾言而不能失信。你的話將被人們一字不漏地牢記在心裡，直至它被履行的那一天。

但是怎樣才能做到不失信於人呢？「不要簽訂這份合約！」這是那位商人教誨兒子的

辦法。

商人留給兒子的為人原則是：為人，是要言而有信，然而卻並不是毫無原則的事情都要答應。

我們注意到，一個老成持重的人對於別人總是很少許諾。他往往等到事情成功的時候才宣布自己當初的計畫。對於這樣的人，由於他在自己心裡已經有了一個確定的主見，所以不管是什麼人，也難以勸說他接受一個相反的意見。由於對許諾相當看重，所以，自己在對別人作出保證前，應該「三思而後言」。俗話說「言多必有失」，是很有道理的。

■重理人際關係

成功的團隊團隊意識一般較強，他們非常注重人際關係。美國著名成人教育家卡內基認為人際關係是成功的最重要的因素，他指出：一個人事業的成功，只有百分之十五是靠自己的專業技術，另外的百分之八十五要靠人際關係、處世技巧。外國成功學有「友誼網」之說。主要觀點是：喜歡別人又能讓別人喜歡的人，才是世界上最成功的人。成功的人大多喜歡廣泛交際，形成了自己的「友誼網」。

在你的關係網中，應該有各式各樣的朋友，他們能夠從不同的角度為你提供不同的幫助；當然，你也要根據他們不同的需要為他們提供不同的幫助。這才是關係網應當具有的特徵。

每一個偉大的成功者背後都有另外的成功者，沒有人是自己一個人達到事業的頂峰的。每一個聰明人都不會忽視人際關係。他們在與人交往方面，往往非常注意以下幾個方面：

（1）主動聯繫，勤打電話

建立「關係」最基本的原則是：不要與人失去聯繫，不要等遇到麻煩時才想到別人。「關係」就像一把刀，常常磨才不會生鏽。如果是半年以上不與某位朋友聯繫，你就可能已經失去這位朋友了。

因此，主動聯繫十分重要。試著每天打五到十個電話，不但能擴大自己的交際範圍，還能維繫舊情誼。如果一天打通十個電話，一個星期就有五十個，一個月下來，便可到達兩百個。你的人際網絡每個月大概都可能有十幾位朋友向你提供幫助。

（2）珍惜感情，推心置腹

你有沒有這樣的經歷：當你遇到困難時，你認為某人可以幫你解決，你本想馬上找他，但後來一想，好幾年沒有聯繫了，現在有求於人時就去找他，會不會太唐突了？甚至因為太唐突而遭到他的拒絕？在這種情形之下，你不免有些後悔「平時不燒香，臨時抱佛腳」了。

很多人都有忽視「感情投資」的毛病，一旦關係好了，就不再覺得自己有責任去保護它了，特別是在一些細節問題上更加不留意。例如，該溝通的信息不溝通，該解釋的情況不解釋，總認為「反正我們關係好，解釋不解釋無所謂」，結果日積月累，朋友之間的關係也就疏遠了。

而更糟糕的是朋友之間關係親密以後，總是對另一方要求越來越高，以為別人對自己好是應該的；一旦稍有不周或照顧不到，就有怨言。長此以往，很容易損害雙方之間的關係。

可見，「感情投資」應該是經常性的，也不可似有似無。從生意場到日常交往，都應該處處留心，善待每一個關係夥伴兒，從小處細處著眼，時時落在實處。

（3）「關係網」要好，不一定求大

有的人整天忙忙碌碌，認識很多人，整天忙於應付各種關係。人的精力是有限的，這時就要理順關係網。為了保持一張好的關係網，聰明人一般是這樣做的：

◎**篩選**：把與自己的生活範圍有直接關係和間接關係的人記在一個本子上，把沒有什麼關係的記在另一個本子上，這就像是打撲克牌中的「埋底牌」，把有用的留在手上，把無用的埋下去。

◎**排序**：要對自己認識的人進行分析，列出哪些人是最重要的，哪些人是比較重要的，哪些人是次要的，根據自己的需要排序。由此，你自然就會明白，哪些關係需要著重維繫和保護，哪些只需要保持一般聯繫和關照，從而決定自己的交際策略，合理安排自己的精力和時間。

◎**分類**：生活中一時有難，需要求助於人，事情往往涉及到很多方面，你需要很多方面的支援，不可能只從某一方面獲得。比如，有的關係可以幫助你辦理有關手續，有的則能夠幫助你出謀劃策，有的則能為你提供某種信息。雖然作用不同，但對你都可能是至關重要的，所以一定要進行分門別類，對各種關係的功能和作用進行分析、鑒別，把它們編織到自己的關係網之中。

（4）隨時調整關係網

世上的一切事物，都處於不斷的運動、變化和發展之中。聰明人知道，我們的人際體系，如果不隨著客觀事物的發展而發展，就會逐步處於落後的、陳舊的甚至僵死的狀態。因此，一個合理的人際結構，必須是能夠進行自我調節的動態結構。動態原則反映了人際結構在發展變化過程中前後聯繫上的客觀要求。所以，要不斷檢查、修補關係網，隨著部門調整、人事變動應及時調整自己手中的關係，及時進行分類排隊，不斷從關係之中找關係，使自己的關係網一直處於高效運轉之中。

入境隨俗，適應環境

當人們進入工作崗位以後，面對的不僅是某些具體的工作，還有從事這些具體工作的人。對職業工作要進行適應，對工作中形成的人與人之間的各種關係，也需要進行適應，即人際關係的適應。

從某種意義上來說，工作是「死」的（具有一定的穩定性），比較容易適應；而人是「活」的，有思維能力，有喜、怒、哀、樂，有七情六慾，適應起來就比較困難，需要的時間也更長些。

在多數工作單位，各類人員年齡不同、經歷各異，文化修養亦有很大差異，體現出多方面、多層次的人際關係。各種利害、權力結構的作用尤其明顯。

成功的人特別重視人際關係，他們懂得，人際環境的適應，一般主要表現在與上司和同事關係的相處上。在與上司相處時，應採取的基本原則是：

◎**尊敬**：尊敬就是維護上司的權威。不衝撞上司的喜好和忌諱；上司理虧時，要給他留個台階下；上司有錯時，不要當眾糾正；要與上司保持一定距離。

◎**讚美**：適度的讚美可贏得上司的青睞，縮短與上司的距離。恰到好處的讚美被譽為

「具有魔術般的力量」、「創造奇蹟的良方」。稱讚他人是一種內功，稱讚應讓人感覺到是發自內心的，而不是應付式的恭維、阿諛、拍馬屁。

◎**諒解**：站在以工作為重的立場上，設身處地為上司分憂，替他們著想。

◎**幫助**：在上司遇到困難時，伸出援助之手。

如果能做到這四點，你就可以在人際交往中處於游刃有餘的狀態。

在工作中，成功的人也非常重視與同事保持一種正常、融洽的關係。與同事交往中應注意以下幾方面：

◎**遇事多商量**：工作中會遇到許多需要相互協同完成的事，這時，不要自作主張，而要多和同事商量，以取得他們的配合。

◎**謙虛坦誠**：身為同事，地位相等，談話中切不可表現出高人一籌的樣子。即使不同意同事的意見，也應闡述理由，正面論述，切不可語帶譏諷。

◎**當面交換意見，消除誤解**：同事間隨時都可能產生矛盾，或意見相左。這時，應當面把自己的意見談出，來謀求相互的了解和協作，不可背後散布消息，互相攻擊。

◎**多互動**：平時盡可能多交談，聯絡感情。

合作就是幫助自己

成功之路有千萬條，但總有一些共同之處。聰明人認為，團結協作是許多成功人士的共同特性。

聰明人懂得，合作是一件快樂的事情。有些事情人們只有互相合作才能做成。美國加利福尼亞大學副教授查爾斯・卡費爾德對美國一千五百名取得了傑出成就的人物進行了調查和研究，發現這些傑出成就者的共同特點之一就是：與自己競爭而不是與他人競爭。他們更注意的是如何提高自己的能力，而不是考慮怎樣擊敗競爭者。事實上，對競爭者的能力的擔心，往往導致自己擊敗自己。多數成功者關心的是按照他們自己的標準盡力工作，如果他們的眼睛只盯著競爭者，那就不一定取得好成績。

幫助別人就是強大自己，幫助別人也就是幫助自己，別人得到的並非是自己失去的。在失敗者固有的思維模式中，認為要幫助別人自己就要有所犧牲；別人得到了自己就一定會失去。比如你幫助別人提了東西，你就可能耗費了自己的體力，耽誤了自己的時間。

其實很多時候幫助別人，並不意味著自己吃虧。下面的這個故事就生動地闡釋了這個道理：

有一個人被帶去觀賞天堂和地獄，以便能聰明地選擇他的歸宿。他先去看了魔鬼掌管的地獄。第一眼看去令人十分吃驚，因為所有的人都坐在酒桌旁，桌上擺滿了各種佳餚，包括肉、水果、蔬菜等美味佳餚。然而，當他仔細看那些人時，發現他們臉上表情嚴肅，無精打采，而且皮包骨。每個人的左臂都捆著一把叉，右臂捆著一把刀，刀和叉都有四尺長的手柄，所以即使每一樣美食都在他們手邊，結果還是吃不到，一直在挨餓。接著他去天堂，乍看之下，情況完全一樣：同樣的食物、刀、叉與那些四尺長的手柄，然而，天堂裡的居民卻充滿唱歌、歡笑，這位參觀者困惑了，為什麼同樣的情況，結果卻如此不同？後來，他發現了答案：地獄裡的每一個人都只試圖餵自己，可是一刀一叉以及四尺長的手柄根本不可能吃到東西；天堂上的每一個人都是餵對面的人，而且也被對方所餵，因為互相幫助，結果幫助了自己。

這則故事告訴人們：如果你幫助其他人獲得他們需要的東西，你也因此而得到想要的東西，而且你幫助的人越多，你得到的也越多。

生活就像山谷回聲，你付出什麼，就得到什麼；你耕種什麼，就收穫什麼。

俗語說得好：「人多力量大」，「眾人拾柴火焰高」。一群人一起工作，如果全力以赴，組織有序，就能在有限的時間裡取得引人注目的成就。

學會說「不」

成功的人在處理人際關係方面是有原則和分際的，誠然，與人交往和幫助別人是重要的，但拒絕朋友不預期的請求有時候是必須的。

在以下場合，聰明人知道該說「不」：

（1）別人所期待的幫助是完全出於只考慮他個人利益的時候。

假如一個朋友打算請你深夜開車送他到機場，而你確信他可以搭計程車去，如果你去送他，不但影響一夜睡眠，還會影響次日安排。這時你就要考慮拒絕。當然，如果他是順路想搭你的車，只是要你等他幾分鐘的話，你就應盡力幫忙。

（2）有人試圖讓你代替完成其分內工作時。

偶爾為別人替一兩次班關係不大，但如果形成習慣，別人就會對你產生依賴性，變成你義不容辭的義務。

（3）你準備晚上寫點東西或做點家務，朋友卻邀請你去打牌。

如果是千里之外的朋友偶然來聚當然另當別論。

當然，生活中的類似情況遠不止列出的這些，總之，只要聰明人感到可能給自己帶來某些不方便，就會考慮說「不」，除非因此會給別人帶來更大的麻煩。

也許你會說：我何嘗不想拒絕，但該怎樣拒絕呢？以下幾點建議：

(1)立即答覆，不要使對方對你抱有希望。

要打消為避免直接拒絕而尋找脫身之計的念頭。請不要說：「我再想想看」，或「我看看到時候行不行」等等。明確地告訴對方：「實在抱歉，這是不行的。」

(2)如果您想避免生硬的拒絕，就提出一個反建議。

假如朋友打電話問道：「今天晚上去跳舞吧！」你不想去，就可以說：「哎呀！今天晚上可不行，改日我邀請你吧。」

(3)不要以為每次都有必要說明理由。

在很多時候，你只要簡單地說一句：「我實在有更要緊的事要做。」就可得到絕大多數人的諒解。

只要我們充分認識到參與過多不必要應酬的危害，知道自己在什麼情況下該拒絕別人，並且在拒絕的時候採取正確的方法，我們就能因此而節省大量的時間，而且不至於因此事而影響與他人的關係。

不要當面指正前輩

有這樣一位年輕的紐約律師，他參加一個重要案子的辯論。這個案子牽涉到一大筆錢和一項重要的法律問題。在辯論中，一位法官對年輕的律師說：「海事法追訴期限是六年，對嗎？」

律師愣了一下，看看法官，然後率直地說：「不。審判長，海事法沒有追訴期限。」

這位律師後來對別人說：「當時，法庭內立刻靜默下來。似乎連氣溫也降到了冰點。雖然我是對的，他錯了，我也如實地指了出來。但他卻沒有因此而高興，反而臉色鐵青，令人望而生畏。儘管法律站在我這邊，但我卻鑄成了一個大錯，居然當眾指出一位聲望卓著、學識豐富的人的錯誤。」

這位律師確實犯了一個「比別人正確的錯誤」。在指出別人錯了的時候，為什麼不能做得更高明一些呢？

無論你採取什麼方式指出別人的錯誤：一個蔑視的眼神，一種不滿的腔調，一個不耐煩的手勢，都有可能帶來難堪的後果。你以為他會同意你所指出的錯誤嗎？絕對不會！因為你否定了他的智慧和判斷力，打擊了他的榮耀和自尊心，同時還傷害了他的感情。他非但不會改變自己的看法，還要進行反擊，這時，你即使搬出所有柏拉圖或康德的邏輯也無濟於事。

永遠不要說這樣的話：「看著吧！你會知道誰是誰非的。」這等於說：「我會使你改變看法，我比你更聰明。」——這實際上是一種挑戰，在你還沒有開始證明對方的錯誤之前，他已經準備迎戰了。為什麼要給自己增加困難呢？

蘇格拉底一再告誡他的門徒：「你只要知道一件事，就是你一無所知。」

英國十九世紀政治家查士德斐爾爵士曾教誨自己的兒子說：「要比別人聰明，但不要告訴人家你比他更聰明。」這才是聰明人的處世祕訣。

寬容是與人交往的潤滑劑

市場上，果販遇到了一位難纏的客人。

「這水果這麼爛，一斤也要賣五十元嗎？」客人拿著一個水果左看右看。

「我這水果是很不錯的，不然你去與別的賣家比較比較。」

客人說：「一斤四十元，不然我不買。」

小販還是微笑地說：「先生，我一斤賣你四十元，對剛剛向我買的人怎麼交代呢？」

「可是，你的水果這麼爛。」

「不會的，如果是很完美的，可能一斤就要賣一百元了。」小販依然微笑著。

不論客人的態度如何，小販依然面帶微笑，而且笑得像第一次那樣親切。

客人雖然嫌東嫌西，最後還是以一斤五十元成交了。

有人問小販何以能始終面帶笑容，小販笑著說：「嫌貨才是買貨人呀！」

小販完全不在乎別人批評他的水果，並且一點也不生氣，不只是自己有修養，更是對自己的水果大有信心的緣故。

寬容猶如冬日正午的陽光，去融化別人心田的冰雪使之變成潺潺細流。一個不懂得寬容別人的人，會顯得愚蠢；一個不懂得對自己寬容的人，會為把生命的弦繃得太緊而傷痕纍纍。

寬容並不意味對惡人橫行的遷就和退讓，也非對自私自利的鼓勵和縱容。誰都可能遇到情勢所迫的無奈，無可避免的失誤，考慮欠妥的差錯。所謂寬容就是以善意去寬待有著各種缺點的人們。因其寬廣而容納了狹隘，因其寬廣顯得大度而感人。

在日常生活中，當自己的利益和別人利益發生衝突，情義和利益不可兼得時，首先要考慮捨利取義，寧願自己吃一點虧。鄭板橋曾說過：「吃虧是福。」這絕不是阿Q式的精神自慰，而是人生閱歷的高度概括和總結。清朝時有兩家鄰居因一道牆的歸屬問題發生爭執，欲打官司。其中一家想求助於在京為大官的親屬張廷玉幫忙。張廷玉沒有出面干涉這件事，只是給家裡寫了一封信，力勸家人放棄爭執，信中有這樣幾句話：「千里求書為道牆，讓他三尺又何妨？萬里長城今猶在，誰見當年秦始皇。」家人聽從了他的話，鄰居也覺得很不好意思，兩家終於握手言歡，反而由你死我活的爭執變成了真心實意的謙讓。

《菜根譚》中講：「路徑窄處留一步，與人行；滋味濃的減三分，讓人嗜。此是涉世一極樂法。」可謂深得處世的奧妙。

成功者知道，寬容才是讓世界充滿和諧和快樂的真諦。

給別人留面子

有一回，日本歌舞伎大師勘彌準備扮演古代一位徒步旅行者。正當他要上場時，一個門生提醒他說：「師傅，您的草鞋帶子鬆了。」

勘彌大師回了一聲：「謝謝你呀。」然後立刻蹲下，繫緊了鞋帶子。

當他走到門生看不到的舞台入口處時，卻又蹲下，把剛才繫緊的帶子弄鬆。顯然，他的目的是，以草鞋的帶子都已鬆垮，試圖表達一個長途旅行者的疲憊狀態。演戲能細膩到這樣，確實說明勘彌具有許多影視明星不具有的素質。

當他解鬆鞋帶時，正巧一位記者到後台採訪，親眼看見了這一幕。戲演完後，記者問勘彌：「您該當場教那位門生，他還不懂演戲的真諦。」

勘彌回答道：「別人的親切必須坦率接受，要教導門生演戲的技能，機會多的是。在今天的場合，最要緊的是要以感謝的心去接受別人的親切，並給以回報。」

成功者不僅重視人際關係，而且總是善於給別人留足面子。

■以對方希望的方式對待他

東尼．亞歷山大博士是美國很有影響力的演說家和非常受歡迎的商業廣播講座撰稿人。他與人力資源顧問、訓導專家邁克爾．J．奧康納博士在他們合作的《白金定律》中，向人們展示了一項最新的研究成果：「白金定律」——「別人希望你怎麼對待他們，你就怎麼對待他們。」

簡單地說，就是學會真正了解別人，然後以他們認為最好的方式對待他們，而不是我們中意的方式。這一點還意味著要善於花些時間去觀察和分析我們身邊的人，然後調整我們自己的行為，以便讓他們覺得更稱心和自在。

在今天高度競爭和變化無常的環境裡，一廂情願地對待你的服務對象、合作夥伴和下屬顯然是遠遠不夠的。你還得去了解他們的需求——而且有能力滿足他們物質和精神的需求才行。你的成功很大程度上就取決於你如何迎合他們的個人需要。

根據不同人的個性品格類型的特徵，用「白金定律」去相應地迎合不同類型的不同需要，投其所好，在雙贏策略中獲取最大的成功。

「白金定律」在幾乎任何人際關係的問題上都能助你一臂之力，這其中包括：

◎確判斷對方的品格類型。

◎預見對方的行為，從而你可以預先調整自己的行為來順應他，以取得盡可能最好的結果。

◎把彼此有親合力、有合作潛力的人聚在一起，形成有效率的工作團隊、穩定的員工隊伍、出色的公司與組織——利益共同體。

◎對症下藥——運用「白金法則」與人打好交道。

◎化解衝突和矛盾。從而激發工作熱情，提高員工的能力，增強組織效能。

「白金定律」是人對心理學理論和社會實踐經驗的總結，是知識經濟社會裡處理人際關係的寶典，是打開人生凱旋之門的一把金鑰匙。

Part 7
改變寬以律己

誠實為上

查理・哈斯克爾去世時，留下了妻子和九個孩子。他們靠一小塊土地為生，住在一所有四間居室的房子裡。約翰是家裡的長子，所以他的母親告訴他，他必須承擔起照顧全家的責任。那時他十六歲。

約翰到鎮裡最有錢的人——法官多恩那兒去要一美元，那是法官買約翰父親的玉米時欠的錢。法官多恩把錢給了他。然後法官說，約翰的父親也欠他一些錢。他說那個農夫曾向他借了四十美元。「你打算什麼時候替你父親還欠我的錢？」法官問約翰，「我希望你不要像你的父親那樣。」他說，「他是個懶漢，從不賣力氣幹活。」

在法官的幫助下，約翰憑誠實的勞動和艱苦的努力，不僅還清了其父所欠的舊債和自己所欠的新債，還積攢了一筆錢並且買了一個大農場。

約翰三十歲的時候，成了本鎮的頭面人物之一。那一年法官去世了，他把他的那所大房子和大部分財產留給了約翰，他還給約翰留下了一封信。約翰打開信，看了看寫信的日期。這封信是法官在約翰第一次外出打獵向他借錢那天寫下的。

「親愛的約翰，」法官寫道，「我從未借給你父親一分錢，因為我從未相信過他，但是我第一次見到你時，我就喜歡上了你，我想確定你和你的父親不一樣，所以我考驗了你。這就是我說你父親欠我四十美元的原因。祝你好運，約翰！」信封裡有四十美元。

人生旅途中，難免會遇到各種各樣的考驗。有考驗人的誠實守信的，也有考驗人的智慧的，還有考驗人的能力的，如此等等，不一而足，無論是何種考驗，被考驗者只有經得起考驗，才能為考驗者喜歡、信任。

約翰是一個聰明人，他以其誠實守信的不懈努力通過法官的考驗，不僅自身收穫甚大，而且還幸運地得到了遺贈。

聰明人都奉行誠實有信的原則，他們能夠經得起嚴峻的考驗，不僅能夠贏得朋友的敬佩，而且常常獲得意外的好運。

約束自己

聰明人總是善於控制和約束自己。

在某國的特種部隊，流傳著這樣一個故事：

當一個有經驗的間諜被敵軍捉住以後，他立刻會裝聾作啞。任憑對方如何審訊，他始終像聾啞人一樣。一直到最後，審問的人故意和氣地對他說：「好吧，看起來我從你這裡問不出任何東西，你可以走了。」

這個有經驗的間諜會怎樣做？他會立刻帶著微笑，轉身走開嗎？不會的！沒有經驗的間諜才會那樣做。要是他真的這樣做了，他的自制力是不夠的，這樣的人談不上有經驗。有經驗的間諜會依舊像毫無知覺似地呆立著不動，彷彿他對於那個審問者的命令，完全不曾聽懂似的，這樣他就勝利了。

審問者原是想通過釋放他來觀察他這個「聾啞人」的反應。一個人在獲得自由的時候，常常會抑制不住內心的激動。但那個間諜聽了依然毫無動靜，彷彿審問還在進行，這不得不使審問者也相信他確實是個殘廢了，只好說：「這個人如果不是聾啞的殘廢者，那一定是個瘋子了！放他出去吧！」

就這樣，有經驗的間諜的生命，以他特有的自制力，保存下來了。

從這個故事中我們能得到什麼啟示？一個能自制的思想，是自由的思想，自由便是力量！有時，為了獲得真正的自由，聰明人知道，必須暫時盡力約束自己。

克制自己

一個商人需要一個小夥計，他在商店裡的窗戶上貼了一張獨特的廣告：「招聘：一個能自我克制的男士。每星期四美元，合適者可以拿六美元。」

「自我克制」這個招聘廣告在村裡引起了議論，也引起了小夥子們的思考，自然引來了眾多的求職者。每個求職者都要經過一個特別的考試。

「能閱讀嗎？孩子。」

「能，先生。」

「你能讀一讀這一段嗎？」他把一張報紙放在小夥子的面前。

「可以，先生。」

「你能一刻不停頓地朗讀嗎？」

「可以，先生。」

「很好，跟我來。」商人把他帶到他的辦公室，然後把門關上。他把這張報紙送到小夥子手上，上面印著他答應不停頓地讀完的那一段文字。閱讀剛一開始，商人就放出六隻可愛的小狗，小狗跑到小夥子的腳邊，小夥子經受不住誘惑要看看可愛的小狗。由於視線離開了閱讀材料，小夥子忘記了自己的角色，讀錯了。當然，他失去了這次機會。

就這樣，商人打發了七十個小夥子。終於，有個小夥子不受誘惑一口氣讀完了。

商人問：「你在讀書的時候沒有注意到你腳邊的小狗嗎？」

男孩回答道：「對，先生。」

「我想你應該知道牠們的存在，對嗎？」

「對，先生。」

「那麼，為什麼你不看一看牠們？」

「因為我告訴過你我要不停頓地讀完這一段。」

「你總是遵守你的諾言嗎？」

「的確是，我總是努力地去做，先生。」

商人在辦公室裡走著，突然高興地說道：「你就是我要的人。明早七點鐘來，你每週的工資是六美元。我相信你大有發展前途。」男孩的發展的確如商人所說。

聰明人知道：善於克制自己是成功的一大要素！而太多的人不能克制自己，不能把自己的精力投入到他們的工作中，完成自己偉大的使命。這可以用來解釋成功者和失敗者之間的區別。

謙虛謹慎

謙虛謹慎是成功者必備的品格，具有這種品格的人，在待人接物時能溫和有禮、平易近人、尊重他人，善於傾聽他們的意見和建議，能虛心求教，取長補短。對待自己有自知之明，在成績面前不居功自傲；在缺點和錯誤面前不文過飾非，能主動採取措施進行改正。

謙虛謹慎永遠是一個人建功立業的前提和基礎，我國古代學者曾精闢地指出：「滿招損，謙受益」、「人之不幸，莫過於自足」、「人之持身立事，常成於慎，而敗於縱」。

不論你從事何種職業，擔任什麼職務，只有謙虛謹慎，才能保持不斷進取的精神，才能增長更多的知識和才幹。因為謙虛謹慎的品格能夠幫助你看到自己的差距。永不自滿、不斷前進可以使人能冷靜地傾聽他人的意見和批評，謹慎從事。否則，驕傲自大，滿足現狀，止步不前，主觀武斷，輕則使工作受到損失，重則會使事業半途而廢。

具有謙虛謹慎品格的人不喜歡裝模作樣、擺架子、盛氣凌人，能夠虛心向群眾學習，了解群眾的情況。美國第三屆總統湯馬斯・傑佛遜提出：「每個人都是你的老師。」傑佛遜出身貴族，他的父親曾經是軍中的上將，母親是名門之後。當時的貴族除了發號施令以外，很少與平民百姓交往，他們看不起平民百姓。然而，傑佛遜沒有秉承貴族階層的惡習，反而主動與各階層人士交往。他的朋友中當然不乏社會名流，但更多的是普通的園丁、僕人、農民或者是貧窮的工人。他善於向各種人學習，懂得每個人都有自己的長處。有一次，他和法國名人拉法葉特說，你必須像我一樣到民眾家去走一走，看一看他們的菜碗，嘗一嘗他們吃的麵包，只要你這樣做的話，你就會了解到民眾不滿的原因，並會懂得正在醞釀的法國革命的意義了。由於他作風紮實，深入實際，他雖身居總統之位，卻很清楚民眾究竟在想什麼，他們到底需要什麼。

謙虛謹慎的品格，還能使一個人面對成功、榮譽時不驕傲，把它視為一種激勵自己繼續前進的力量，而不會陷在榮譽和成功的喜悅中不能自拔，把榮譽當成包袱背起來，沾沾自喜於一功之得，是不會繼續進取的。

居里夫人以她謙虛謹慎的品格和卓越的成就獲得了世人的稱讚，她對榮譽的特殊見解，使很多喜歡居功自傲、驕傲自滿的人汗顏不已。也正因為她的高尚品格的影響，以後她的女兒和女婿也踏上了科學研究之路，並再次獲得了諾貝爾獎，成為令人敬仰的兩代人三次獲諾貝爾獎的家庭。

總之，大凡有成就的人，都把謙虛謹慎當作人生的第一美德來刻苦培養。這也是每個成功者所應具有的品質。

不計得失

二〇〇〇年十二月十七日，在英國的曼徹斯特城，英格蘭超級足球聯賽第十八輪的一場比賽，在埃弗頓隊與西漢姆聯隊之間緊張地進行著。比賽只剩下最後一分鐘時，場上的比分仍然是一比一。這時，埃弗頓隊的守門員傑拉德在撲球時扭傷了膝蓋，球被傳給了潛伏在禁區的西漢姆聯隊球員迪卡尼奧。

球場上原本沸騰的氣氛頓時靜了下來，所有的人都在等待。迪卡尼奧離球門只有十二米左右，無需任何技術，只需要一點點力量，就可以從容地把球打進沒有了守門員的大門。那樣，西漢姆聯隊就將以二比一獲勝。在積分榜上，他們因此可以增加兩分。而且，在此之前，埃弗頓隊已經連敗兩輪，這個球一進，就將是苦澀的「三連敗」。

在幾萬雙現場球迷的目光注視下，迪卡尼奧彎下腰，把球穩穩抱到懷中。

全場因驚異而出現了片刻的沉寂，繼而掌聲雷動。如潮水般滾動的掌聲，把讚美獻給了放棄攻門的迪卡尼奧。

在生活的許多方面，爭取勝利是十分重要的；但是在需要發揚崇高品德的時候，能夠超越成敗得失，是一種更高的精神境界，是一種更大意義上的成功。

■性格豁達更快樂

美國教育者威廉・菲爾是一位成功者，這從他的言行中可以看出來。他曾說過這樣的話：「真正的快樂，不是依附外在的事物上，池塘也是由內向外滿溢的。你的快樂是由內在思想和情感中泉湧而出的。如果你希望獲得永恆的快樂，你必須培養你的思想，以有趣的思想和點子裝滿你的心，因為用一個空虛的心靈尋找快樂，所找到的，也只是快樂的替代品。」

阿根廷著名的高爾夫球手羅伯特・德・溫森多也是一個成功者。有一次，溫森多贏得一場錦標賽。領到支票後，他微笑著從記者的重圍中走出來，到停車場準備回俱樂部。這時候一個年輕的女子向他走來，她向溫森多表示祝賀後又說她可憐的孩子病得很重——也許會死掉——而她卻不知如何才能支付起昂貴的醫藥費和住院費。

溫森多被她的講述深深打動了，他二話沒說，掏出筆，在支票上飛快地簽了名，然後塞給那個女子說：「這是這次比賽的獎金，祝可憐的孩子早點康復。」

一個星期後，溫森多正在一家鄉村俱樂部進午餐，一位職業高爾夫球聯合會的官員走過來，問他前一週是不是遇到一位自稱孩子病得很重的年輕女子。

「是停車場的孩子們告訴我的。」官員說。

溫森多點了點頭，說有這麼一回事，又問：「到底怎麼啦？」

「哦，對你來說這是一個壞消息，」官員說，「那個女子是個騙子，她根本就沒有什麼病得很重的孩子。她甚至還沒有結婚哩！你讓人給騙了！」

「你是說根本就沒有一個小孩子病得快死了？」

「是這樣的，根本就沒有。」官員答道。

溫森多長吁了一口氣，然後說：「這真是我一個星期以來聽到的最好的消息。」

如果能做到「不以物喜，不以己悲」，那就是一個非常明白的人了。

■寬容：真正的豁達

從前有一個富翁，他有三個兒子，在他年事已高的時候，富翁決定把自己的財產全部留給三個兒子中的一個。可是，到底要把財產留給哪一個兒子呢？富翁於是想出了一個辦法：他讓三個兒子都用一年時間去遊歷世界，回來之後看誰做了最高尚的事情，誰就是財產的繼承者。

一年時間很快就過去了，三個兒子陸續回到家中，富翁要三個人都講一講自己的經歷。大兒子得意地說：「我在遊歷世界的時候，遇到了一個陌生人，他十分信任我，把一袋金幣交給我保管，可是那個人卻意外去世了，我就把那袋金幣原封不動地交還給了他的家人。」

二兒子自信地說：「當我旅行到一個貧窮落後的村落時，看到一個可憐的小乞丐不幸掉到湖裡了，我立即跳下馬，從河裡把他救了起來，並留給他一筆錢。」

三兒子猶豫地說：「我，我沒有遇到兩個哥哥碰到的那種事，在我旅行的時候遇到了一個人，他很想得到我的錢袋，一路上千方百計地害我，我差點死在他手上。可是有一天我經過懸崖邊，看到那個人正在懸崖邊的一棵樹下睡覺，當時我只要抬一抬腳就可以輕鬆地把他踢到懸崖下，我想了想，覺得不能這麼做。正打算走，又擔心他一翻身掉下懸崖，就叫醒了他，然後繼續趕路了。這實在算不上什麼有意義的經歷。」

富翁聽完三個兒子的話，點了點頭說道：「誠實、見義勇為都是一個人應有的品質，稱不上是高尚。有機會報仇卻放棄，然後幫助自己的仇人脫離危險的寬容之心才是最高尚的。我的全部財產都是老三的了。」

難得這位富翁這麼明白，把人生參悟得這麼透澈。成功者往往都能夠明辨是非，他們的品德堪稱世人的楷模。

Part 8

改變面對生命

保持健康

成功的人了解，如果你真的把每一分鐘清醒的時間都用來賺錢，而完全忽略自己的健康，那將得不償失。因為，人不是那種只會幹活不需要吃飯、睡覺和休息的機器。

良好的心理、情緒與精神，都來自健壯的身體，假如你想功成名就，第一步，就是要考慮健康問題。因此，當你出人頭地之前，首先需要學習的一個簡單而重要的課題，就是讓你自己——你的體格——強壯起來。因為身體健壯的人，才能具有精明的頭腦和旺盛的精力。沒有健康的身體，在這個物質世界上，什麼也甭想實現。簡單地說，身體健康是經營者獲得成功的「硬體」，一個經營者成功的基礎是健康的身體。通過體育鍛鍊和良好的飲食，才能有聰明睿智的腦子。

可現代大多數人最容易犯的一個毛病，就是對於已經擁有的東西不怎麼珍惜，而對於將要失去的卻總想挽留，這一點在對待健康方面體現得最為明顯。當一個經營者無病無災時，他總覺得自己是「鐵打」的機器人，可以不吃不喝一天工作二十四小時。這種情況大多體現在年輕力壯正當年的經營者，他們不懂得愛惜自己的身體，天天為賺錢而奔波，在商場裡逐鹿爭雄，總想著出人頭地。不過，當人到了一定的歲數，精神和體力都會明顯衰退。到了百病纏身時，經營者可能要花上大量的時間用來休養和無數的金錢進行治療。其實，如果在年輕時就注意自己身體的保養，也可能用不了多少時間和金錢，你就會擁有一個強健的體魄。

雖然都市人的壽命在統計數字上看，確實是隨著醫療條件的改善而有所延長，但是，人的健康狀況卻並不怎麼如意。許多現代「文明病」隨著超負荷的工作壓力、食物的添加劑、空氣污染、環境惡化等，而死死地「纏」住人類。

比如說，交通擁擠、複雜的人際關係、沒完沒了的高速工作，都會令人情緒緊張和呼吸急促，造成種種內分泌的失調，可能患上諸如便祕、痔瘡等疾病，進而使人情緒不安和暴躁。據有關資料顯示，很多病是與人的情緒有直接關係的，這些疾病包括糖尿病、憂鬱症、關節炎、腰酸背疼、高血壓、哮喘、頭暈目眩、心律不整、疲勞等。

到了生病時，人們一般都會下意識地去醫院，但是許多經營者看病經常是屬於「窮應付」，病情稍稍有點緩解就認為已經痊癒，而重新投入到給你帶來疾病的環境和工作之中。如此週而復始地惡性循環，最後實在堅持不住了，也失去了寶貴的治療時機。對於疾病與健康，一般人最容易犯的毛病還有一個「僥倖」心理，總覺得沒什麼大不了的，小毛病一樁，堅持一下就過去了。這是最不可取的想法。

健康就是財富，經營者千萬不要為了追求身外的財富而忽略了自己最大的「財富」——健康。做人除了要懂得給自己「減壓」之外，及時進行適當的治療和注意日常健康，也非常重要。

只要合理安排，注意健康與你的生意絲毫不會產生矛盾。有時一個微小的舉動或者一個很簡單的改進，都會令你享受到健康的快樂。比如，在辦公場所加裝一部空氣淨化器，可以通過改善辦公室的空氣質量，來改善員工和你自己的健康狀況，進而提高工作效率。小小投資卻能起到非常大的效果，何樂而不為呢？當疲憊不堪時，與其勉強苦苦地硬撐著在那裡工作，何不稍稍休息一下，然後再以充沛的精力投入工作，你會發現這樣做之後工作效率可能更高。此外，制定好工作計畫，拒絕「瞎忙」，也是非常重要的。許多經營者之所以每天忙忙碌碌沒個閒，除了商場的競爭激烈外，很多情況是他們自己沒有工作計畫，可以說整天都在「瞎忙」。在一九九七年《財富》雜誌中一篇討論經營者工作過度的文章裡，作者的結論是：華爾街百分之八十的活動都是「瞎忙」——累贅的電話會談、不必要的約會、收拾好再攤開的那兩隻鼓鼓的公文包。

聰明人永遠不會因為忙碌而忽視了鍛鍊和保持身體的健康。

■保持自我

伊笛絲．阿雷德太太從小就特別敏感而靦腆，她的體形一直太胖，而她的一張圓臉使她看起來比實際還胖得多。伊笛絲有一個很古板的母親，她認為把衣服弄得漂亮是一件很愚蠢的事情。她總是對伊笛絲說：「寬衣好穿，窄衣易破。」而母親總照這句話來幫伊笛絲穿衣服。所以，伊笛絲從來不和其他的孩子一起做戶外活動，甚至不上體育課。她非常害羞，覺得自己和其他的人都「不一樣」，完全不討人喜歡。

長大之後，伊笛絲嫁給一個比她大好幾歲的男人，可是她並沒有改變。她丈夫一家人都很好，也充滿了自信。伊笛絲盡最大的努力要像他們一樣，可是她做不到。他們為了使伊笛絲性格開朗起來做過種種的嘗試，但這使伊笛絲變得更加緊張不安。她躲開了所有的朋友，她甚至害怕聽到門鈴響。伊笛絲自認為是一個失敗者，又怕她的丈夫會發現這一點。所以每次他們出現在公共場合的時候，她都假裝很開心，結果常常做得太過分。事後，伊笛絲還會為此事難過好幾天。

後來，是什麼改變了這個不快樂的女人的生活呢？只是一句隨口說出的話。

隨口說的一句話，改變了伊笛絲的整個生活，使她成了一個聰明人。有一天，她的婆婆正在談她怎麼教養她的幾個孩子，她說：「不管事情怎麼樣，我總會要求他們保持本色。」

「保持本色！」就是這句話！在那一刹那之間，伊笛絲才發現自己之所以那麼苦惱，就是因為她一直在試著讓自己適合於一個並不適合於自己的模式。

伊笛絲後來回憶道：「在一夜之間我整個人都變了。我開始保持本色，做自己。我試著研究我自己的個性，自己的優點，盡我所能去學色彩和服飾知識，盡量以適合我的方式去穿衣服，主動地去結交朋友。我參加了一個社團，他們讓我參加活動，但我嚇壞了。可是我每次發言後，就增加了一點兒勇氣。今天我所有的快樂，是我從未想過可能得到的。」

聰明人知道，想要生活得快樂，最重要的就是保持自己的本色。你只要唱你自己的歌；你只要畫你自己的畫；你只要做一個由你的經驗、你的環境和你的家庭所造成的你。不論好壞，你都可以自己創造自己的小花園；不論好壞，你都可以在生命的交響樂中，演奏你自己的樂器。

■不怕出醜

伊米莉是一個聰明人。她只會說一點點可憐的法語，卻毅然飛往法國去作一次生意旅行。雖然人們曾告誡她：巴黎人對不會講法語的人是很看不起的。但她堅持在展覽館、咖啡店、香榭大道用法語與每個人交談。不怕結結巴巴、不怕語塞傻笑、出醜。因為伊米莉發現，當法國人對她使用的結巴語氣大為震驚後，許多人都熱情地向她伸出手來，為她的「生活之樂」所感染，從她對生活的努力態度中得到極大的樂趣。他們為伊米莉喝彩，為所有有勇氣做一切事情而不怕出醜的人歡呼。

生活中有些人由於不願成為初學者，就總是拒絕學習新東西。他們因為害怕「出醜」，寧願閉塞自己的機會，限制自己的樂趣，禁錮自己的生活。

而聰明人認識到，若要改變一下自己的生活位置總要冒出醜的風險。大智若愚，積愚成智，生活的哲學就是這樣。

親情至上

雷蒙總是忙，抽不出時間來陪家人。他女兒潔爾的七歲生日快到了，並早在好幾個星期前就念叨著她的首次「成長」派對。雷蒙的妻子塔米告訴他，這個派對他必須參加。雖然女兒生日那天他在舊金山有一宗不能錯過的生意。他詢問航空公司得知談完生意後完全有時間趕回去參加女兒的生日派對，所以他就訂了機票。

到了那天，生意談判結束了，他興奮地趕到機場，但飛機誤點了，而他必須趕回家。他試著訂另一班飛機，但是機票早已告罄，他趕不回去參加女兒的生日派對了。他坐在候機室，用手機撥通了辦公室電話，對他的同事弗蘭克說：「會議很成功，但是我被困在飛機場，錯過了潔爾的生日。」一股失落的感覺襲擊了他，他非常難過。

他回到家時，餐桌上的一束氣球向他搖擺，氣球上貼著一張卡片，上面寫著：「對不起，我遲到了——愛你的爸爸。」他想，這肯定是弗蘭克的主意。這時妻子塔米從後院走進來，疲憊卻面帶微笑的潔爾跟在後面，尖叫道：「爸爸！」

「生日快樂！」他說著走到女兒面前，給了她一個熱烈的擁抱和一個吻。他不好意思地對妻子說：「至少這些氣球沒有遲到。」

妻子說：「雷蒙，你知道，這張生日卡片很有趣——真的一點也不像你的作風。」

「嗯，實際上……不是我送來的。肯定是弗蘭克的主意，他知道我會遲到的。」

他害怕這時他的妻子會開始抱怨他，但她拿著卡片說：「雷蒙，你不明白，這意味著什麼嗎？」

他看著卡片上的筆跡——這些話是送給妻子、女兒這樣的親人的，但卻是由一個根本不認識她們的人寫下的……他感到很慚愧。

第二天早晨，他把公司的全體員工都叫到了會議室。他宣布：「從今天開始，公司將有一些改變。新的工作時間將從星期一到星期四，每天早晨九點到下午五點—最遲到六點。休假日時我不接任何有關工作的電話。過去我花了太多的時間守著你們工作；現在，我要讓你們獨立做自己的工作。」他看得出來，大家費了很大的勁，才忍住要歡呼的衝動。

他想他的妻子和女兒也會高興和歡呼起來。

成功者不會為了工作而忽視家庭和親情。

追求精神幸福

幸福是什麼？按目前流行的觀點：「所謂幸福，就是人們在創造物質生活條件和精神生活條件的實踐中，由於感受和理解到目標和理想的實現，而得到的精神上的滿足」。這個定義，把幸福與快樂、不幸與痛苦完全等同起來。而在成功者看來，這些範疇是不同的。幸福是人們目的的實現，不幸是人們的目的未能實現。而快樂則是對幸福的感覺，是人們實現了目的所感到的滿足。

生的意義，就在於追求幸福。不論禁慾主義者，還是快樂主義者，他們都是在追求幸福、避免不幸。只不過由於他們對幸福的認識、感覺不同，因而誤以為自己在追求幸福，另一些人在追求不幸罷了。

西方有一句名言：吃和睡是豬的生活。難道加上玩和樂，就是人的生活？物質幸福實際是人和動物都有的，只有精神幸福才為人所獨有。所以物質幸福是低級的基本幸福，而精神幸福則是高級、上乘的幸福。因此，全世界公認的成功者馬克思最喜歡說的話就是：「思維的享受是最高的享受。」、「即使是罪犯的思想，也比天上的奇蹟更燦爛輝煌。」

幸福的心態

成功者知道，幸福只是一種感覺。一個人的處境是苦是樂常是主觀的。苦樂全憑自己判斷，這和客觀環境並不一定有直接關係，正如一個不愛珠寶的女人，即使置身在極其重視虛榮的環境，也無傷她的自尊。擁有萬卷書的窮書生，並不想去和百萬富翁交換鑽石或股票。滿足於田園生活性情恬淡的人也並不羨慕任何學者的榮譽頭銜或高官厚祿。

你的愛好就是你的方向；你的興趣就是你的資本；你的性情就是你的命運。各人有各人理想的樂園，有自己所樂於安享的世界。

一位北京女記者偶然去了一趟藏北高原，發現那裡的藏民拖家帶口、靠啃犛牛骨頭度日。她大生惻隱之心，深表同情。不料，藏民根本不買帳，反而對女記者說：「我看你一年到頭離鄉背井的，也不知為什麼奔波，你才真的慘哩。」

同樣一種生活狀況，你認為人家過得挺悲慘，但人家活得有自信，活得有滋有味，你能說清楚什麼是生活的幸福嗎？

伯特蘭．羅素曾著有《幸福的征途》一書，自覺對幸福頗有研究。一九二四年，他抱著「拯救中國人於水火」的宏願到了四川。但一上了峨嵋山，羅素就打消了最初的念頭。

因為他上山時乘的是竹轎，羅素看到大汗淋漓的轎夫，深感不忍。誰知兩個轎夫在休息的時候還有說有笑，並給這位大哲學家出了一道問題：「你能用十一畫寫出兩個中國人的名字嗎？」羅素承認不能。轎夫笑吟吟地說出了四個字的答案：「王一、王二。」羅素嘆道：用自以為是的眼光看待別人的幸福是錯誤的。

美國的戴爾・卡內基可稱得上是一個成功者，他說：「使你快樂或不快樂的，不是你有什麼，你是誰，你在哪裡，或你正在做什麼，而是你對它的想法。舉例來說，兩個人處境相同，做同樣的事情；兩個人都有著大致相等數量的金錢和聲望。然而，其中一個鬱鬱寡歡，另外一人則高高興興。什麼緣故？心理態度不同的關係。」

■選擇快樂地生活

有一天，湯姆到酒吧喝悶酒。服務生見他一副眉頭深鎖的樣子，便問他：「先生，您到底為了什麼事心煩呢？」

湯姆答道：「上個月，我叔父去世，因為他沒有後代，所以，在遺囑中，將他僅有的五千張股票，全部留給了我！」

服務生聽後安慰湯姆道：「你的叔父去世固然讓人覺得遺憾，但是人死不能復生，而且，你能繼承你叔父的股票，應該也算是一件好事啊！」

湯姆答道：「一開始，我也認為是件好事。但問題是，這五千張股票，全部是面臨融資催繳、準備斷頭的股票啊！」

假使你能抱著正面的心態來面對問題，就算你真的面臨像故事中的湯姆那樣股票即將斷頭的危機，只要你能妥善應對，終究會有「解套」的一天。

一位成功者曾經寫道：「我們無法矯治這個苦難的世界，但我們能選擇快樂地活著。」

在成功者看來，天底下沒有絕對的好事和絕對的壞事，有的只是你如何選擇面對事情的態度。如果你凡事皆抱著負面的心態來看待，那麼就算讓你中了一千萬元的獎券，也是壞事一樁。因為你害怕中了獎券之後，有人會覬覦你的錢財，進而對你採取不利的行動。

契訶夫說：「手指紮了一根刺，你應該高興地喊一聲：『幸虧不是紮在眼睛裡！』」

■不害怕「孤獨」

在現實中生活，當然不能脫離在群體之外，可是成功者懂得，如果你喜歡獨來獨往，也不必過分在意別人把你當成「孤家寡人」。如果你每天上下班需在途中乘車兩個小時，你想利用這段時間看書、聽外語、思索或僅僅閉目養神，那麼就不必勉強自己去參與無聊的閒談、聊天。心理學者研究後認為，唯獨孤獨才專屬男子漢所能追求的境界。在多感的青春年華中尤其需充分體驗孤獨的樂趣，有某種才華的人，總會顯露出孤獨感。

聞名於世、陷入千百萬觀眾和崇拜者的重重包圍中的義大利電影明星蘇菲亞・羅蘭居然也會感到孤獨，而且還喜歡寂寞。她說：「在寂寞中，我正視自己的真實感情，正視我真實的自己。我品嚐新思想，修正錯誤。我在寂寞中猶如置身在裝有不失真的鏡子的房屋裡。」

這位藝術家認為，形單影隻，常給她以同自己靈魂坦率對話和真誠交往的絕好機會。孤寂是靈魂的過濾器，它使羅蘭恢復了青春，也滋養了她的內心世界。所以她說：「我孤獨時，我從不孤獨。我和我的思維做伴，我和我的書本做伴。」

國畫大師劉海粟主張，年輕人「精力正旺，正是做學問的好時光。一定要甘於寂寞。

你集中一段時間閉門學習，不去趕熱鬧，在社會裡暫時不出現，沒啥了不起，等你真正有成就，社會永遠記得你，你就永遠不會冷清、不會寂寞了。這是我的經驗之談。」「對一個名人來說，熱鬧有時就是捧場，就是奉承。這對從事藝術創作是有害的。因為太熱鬧，腦子要發熱，安靜不下來。」

並不是所有的人都會有根本的孤獨感。大凡有孤獨感的人，思想感情多為較深沉者。因為他們有獨特的見解和獨特的個性，不為當時社會和同時代人所容，在任何場合下他們都有與眾不同的表現和格局，故內心常有一種難以排遣的孤獨。而其中的成功者，會讓自己陶醉在不斷的生活創作中，他們能夠感到實實在在的平安和滿足。

貝多芬的作品超越時空，他自己清楚，自己的作品是為未來的聽眾而創作的。有許多天才人物，包括偉大的政治家，孤獨感幾乎是他們身上固有的一種不治之症。這種孤獨感伴隨著惆悵和憂鬱。企圖抗衡和擺脫這種孤獨感，便成了他們從事創作的一種最頑強的內驅力。例如：梵谷作畫，既不為名，也不為利，他之所以要拼著一條性命去畫，僅僅是為了排遣內心深處一種說不太清的根本的孤獨感。

愛因斯坦也曾患有孤獨症。在《我的世界觀》一文中，他坦率地作了自我解剖：「我對社會正義和社會責任的強烈感覺，如同我顯然的對別人和社會直接接觸的淡漠，兩者總是形成古怪的對照。我實在是一個『孤獨的旅客』，我未曾全心全意地屬於我的國家，我的家庭，我的朋友，甚至我最接近的親人。在所有這些關係面前，我總是感覺到有一定距離並且需要保持孤獨，而這種感受正與年俱增。」愛因斯坦終生對物理學、藝術和哲學的真摯的愛，全然是企圖對這種孤獨感的永恆擺脫和最勇敢的回擊。

孤獨往往能帶給我們大量的獨處時間，可供自由支配。成功者相信，大凡成功者都必有自己獨特的生活方式，否則，幸運為什麼獨獨喜歡降臨到他們頭上？

放下包袱

身體的重負導致疲勞，稱做累。隨著現代科技的發展，許多人肩上的重負逐漸減弱，但心理的重負逐漸增強，且煩惱對心理的壓迫較之重負，對身體的壓迫越來越更顯深刻。心理煩惱加上生理疲勞，構成了現代人普遍的心態－「活得累不累」成為時下人們議論的焦點之一。時間給我們每一個人同樣的日子，你為什麼感到特別累呢？也許主要是因為處世無方或者不懂得用適當的方法去化解。在這方面，成功者則高明得多了，他們的經驗是：

（1）學會化解緊張

緊張是快節奏時代的顯著特點，化解緊張是每個現代人必不可少的能力。比如，如果你工作時間緊張，可提高自己的能力；如果你經濟不寬裕，可以調整自己的心態。

1.如果你工作緊張，請不要煩躁，不要忙亂，首先分出工作中八〇％次要和二〇％主要的部分，請優先做好二〇％有著關鍵作用的工作。在少了壓力的情況下，剩下八〇％的工作也會迎刃而解。其次，改善你的工作環境，調適你的情緒。讓緊張化解於愉快之中，以工作效率促進工作質量。有了效率又有質量，即使工作還很艱苦繁重，也會有了輕鬆感。

2.如果你時間緊張，那麼，最佳化程序可以節省時間，花錢代勞可以騰出時間，乘車代步可以爭得時間，學習方法正確可以縮短時間，超前安排可以贏得時間——時間可以永遠是你的奴婢。

3.如果你經濟上不寬裕，那麼請延後十天購買新上市的蔬菜（這並不減少新鮮度）；延後一個月購進時裝（這並不影響你的漂亮）；延後一年購買時尚用品（這並不改變你的風度）。粗製品並不比精製品少了營養，首飾並不是人的必需，名牌並不反映價值，這些都是消費中誘惑你手中金錢的「扒手」。

（2）不要試圖追求完美

如果你做了還感到不好，改了還感到不快，考了九十九分還嫌不是一百分，那麼，你是在追求完美——這樣定會「累」。成功者認為，這種情況很容易改變。

請瞧瞧你手中的「紅富士」，它們並不處處圓潤，再近一點看看牡丹，它也不一定是花中之王。花無完美、果無完美，何況人生！

我們每個人都可能不是完美的。你選擇了這些，就等於拋棄了另一些。你既要年輕漂亮又想成熟老練；既要熱情單純又要穩重深沉；既要狂熱輝煌又想恬靜舒適；既想處在權力頂峰又不想承擔一點風險……這種心理，怎能不累？

莊子的預言說：中央的帝王名為混沌，當他臉龐模糊的時候，他活得蠻好，而當他的臉部被鑿出清晰的七竅時，他卻失去了生命。有缺憾正是生命的一大特點。

你想富有知識嗎？

叔本華說：「知識越多越悲苦。」

你希望是天才嗎？

亞里士多德說：「所有的天才都是憂鬱的。」

你想有至高無上的地位嗎？

戴高樂說：「坐在執掌大權位置上的領導人，同那種平靜安寧心滿意足的快樂是無緣無份的。」

完美何在？

你不妨放下「面子」，若是你能像成功者那樣耍點聰明笑笑他人，又願意漏點愚蠢讓他人笑笑，世界會變得很明媚，你也一定會很輕鬆。

（3）不必對周圍的人分析過多

許多瑣事，你想了三天往往不如一秒鐘的直覺正確。分析雖然使你剔除了一些假的東西，但也讓你懷疑一些真的東西。分析的依據常是往事，而往事與現今總是不可同日而語的，用這種思維對待周圍人的言行雖然讓你清醒和深入，但也很難避免隨同感情和心態而波動。

沒有一種分析不帶有好惡和主觀，它可能使你陷入更深的偏見。常聽人告誡「言多必失」，其實，更多的是「想多必失」。

「金無足赤，人無完人。」貂蟬耳小，西施腳大，再漂亮的人也經不得細瞧。只有文學評論才將人物分析來分析去。為人不是為文，為人總是直比曲好。林黛玉講話總帶上另一層含意，聽了別人的話總不忘想盡它的另一層意思，太小心眼也太費精神了。而成功者都比較寬容、豁達，他們主張：不可對周圍的人分析評判得太多。

（4）不必太注意別人的臉色

小孩是看家長的臉色行事的，因為孩子幼稚。奴才是看主人的臉色行事的，因為奴才的命運操縱在主人手裡。誰願意永不成熟，誰願意將命運交到別人手中？

我們並不可能讓每一個人都高興，他的臉色不好，也許只是他的一種病態，也許他並沒有衝你而來，也許雖然做給你看，但全是誤會。你為什麼將命運的一半交給他呢？我們如果一隻眼睛注意著工作，另一隻眼睛在注意別人的臉色，是無法把事情做好的。成功者不會注重別人的臉色，而是專心做自己的事業。

大膽放下

鐵匠打了兩把寶劍。剛剛出爐時它們一模一樣，又厚又鈍。鐵匠想把它們磨利一些。其中一把寶劍想，這些鋼鐵都來之不易，還是不磨為妙。它把這一想法告訴了鐵匠。鐵匠答應了它。

鐵匠去磨另一把劍，另一把沒有拒絕。經過長時間的磨礪，一把寒光閃閃的寶劍磨成了。

鐵匠把那兩把劍掛在店舖裡。不一會兒就有顧客上門，他一眼就看上了磨好的那一把，因為它鋒利、輕巧。而鈍的那一把，雖然鋼鐵多一些、重量大一些，但是無法把它當寶劍用，它充其量只是一塊劍形的鐵塊而已。

同樣出自一個鐵匠之手，同樣的功夫打造，兩把寶劍的命運卻是天壤之別！鋒利的那把又薄又輕，而另一把則又厚又重；前者是削鐵如泥的利器，後者則只是一個不中用的擺設。

人生的目的不是面面俱到、不是多多益善，而是把已經掌握的東西得心應手地去運用，它跟寶劍一樣，劍刃越薄越好，重量越輕越好。

學會放棄

有一個聰明的年輕人，很想在一切方面都比他身邊的人強。他想成為一名大學問家。可是，許多年過去了，他的其他方面都不錯，但學業卻沒有長進。他很苦惱，就去向一個大師求教。

大師說：「我們登山吧，到山頂你就知道該如何做了。」

那山上有許多晶瑩的小石頭，煞是迷人。每見到他喜歡的石頭，大師就讓他裝進袋子裡背著，很快，他就吃不消了。

「大師，再背，別說到山頂了，恐怕連動也不能動了。」他疑惑地望著大師。

「是呀，那該怎麼辦呢？」大師微微一笑。

「該放下。」

「那為何不放下呢？背著石頭怎能登山呢？」大師笑了。

年輕人一愣，忽覺心中一亮，向大師道了謝走了。從此，他再也不沉迷於遊戲了，一心做學問……

人要有所得必要有所失，只有學會放棄，才有可能登上人生的極致高峰。

有捨即有得

有一位守墓人每個星期總會準時收到一封來信和五十元買花的錢，信裡署名為「可憐的老太太」的人，託他每星期給她相依為命卻睡到墓地裡來的兒子哈里獻上一束花。老實的守墓人每次收到信與錢，總會買束鮮花送到哈里墓前。

一天，「可憐的老太太」終於露面了，她坐著小車來到墓地，卻沒下車，派開車司機來請守墓人說：「那位託你每星期給她兒子送花的婦人，請你到她那兒說幾句話，因為她腿癱瘓了，行走不便。」

守墓人跟著司機來到那位「可憐的老太太」面前，這是一位上了年紀身體極差的老婦人，高貴的臉部表情掩飾不了她對生活的絕望和病痛留下的印記。

「我是那位寄信的老太太，」她斷斷續續地說，「這幾年麻煩你了。」

「我每星期都按時送花。」守墓人說。

「謝謝你，」她接著說，「醫生說我將不久於人世，死了倒也好，我活在世上對這個世界來說已無一點意義。只是，我惦記著將沒人再給我兒子送花了。」

守墓人忽然問道：「夫人，您去過孤兒院嗎？那裡的孩子都沒父母。」

「孤兒院？」

「夫人，恕我冒昧，」守墓人說，「在我這兒睡著的人，有哪個是活著的？與其把鮮花大把大把送給那些死去並不能體味生者痛苦與快樂的人，不如把買花的錢留著給那些活著的人。」

「可憐的老太太」聽了守墓人的話，半天不言語，叫司機開車走了。

守墓人心想：自己的話對一個臨死的孤寡老人可能說太重了。

沒想到過了幾個月，那輛小車又載著「可憐的老太太」來到墓地，這次開車的不是那個司機，而是「可憐的老太太」自己。

她興高采烈地跳下車，神采奕奕地對守墓人說：「嘿，你的建議創造了奇蹟。我把錢全部捐給了孤兒院，那裡孤兒的快樂深深感動了我，讓我覺得我還有些用處。更想不到這種幫助孩子們得到的好處，竟奇蹟般治好了我的腿。」

故事中的老太歷經滄桑之後，悟透了人生，對金錢保持淡泊的態度，她自己的人生也因此而發生了奇蹟般的變化。

看淡名利

居里夫婦發現鐳後，世界各地紛紛來信索求製造鐳的方法。怎樣處理這件事呢？某個星期日的早晨，他們夫妻進行了五分鐘的談話。

皮埃爾・居里平靜地說：「我們必須在兩種決定之中選擇一個。一種是毫無保留地敘述我們的研究結果，包括提煉辦法在內……。」

居里夫人做了一個贊成的手勢說：「是，當然如此。」

皮埃爾繼續說：「或者我們可以以鐳的所有者和發明者自居。若是這樣，那麼，在你發表你用什麼方法提煉鈾瀝青礦之前，我們須先取得這種技術的專利，並且確定我們在世界各地造鐳業上應有的權利。」

「專利」代表著巨額的金錢、舒適的生活，代表著傳給子女一大筆遺產……但是，居里夫人堅定地說：「我們不能這樣做，這違背科學精神。」

居里夫人天下聞名，但她既不求名也不求利。不相識的人問她：「你是居里夫人嗎？」她總是平靜地回答：「不是，你認錯了。」她成名以後，幾乎每天都要收到世界各地慕名者要求簽名的來信。她一生獲得各種獎金十次，各種獎章十六枚，各種名譽頭銜一百一十七個，卻給人一種全不在意的印象。有一天，她的一位女性朋友來她家做客，忽然看見她的小女兒正在玩英國皇家學會剛剛獎給她的一枚金質獎章，大吃一驚，忙問：「居里夫人，現在能夠得到一枚英國皇家學會的獎章，是極高的榮譽，你怎麼能給孩子玩呢？」

居里夫人笑了笑說：「我是想讓孩子從小就知道，榮譽就像玩具，只能玩玩而已，絕不能永遠守著它，否則就將一事無成。」只有真正的成功的人，才會有這麼豁達的心胸。

■給生命留些空白

獅子是很特別的一種動物，跟凡事都追求效率的人類相比，獅子太懂得空白的妙處了。這裡要談的，不是獅子如何勇猛格鬥、如何瘋狂捕食，而是牠們吃飽肚子後與世無爭、懶洋洋打瞌睡的樣子。獅子隨身帶著一個屬於牠自己的倉庫，那個倉庫就是牠的肚子，「縱有弱水三千，只取一瓢而飲」，假如獅子會說話，牠肯定會這樣發表感慨。

人類則不同，人類沉迷於自己的貪慾，人們興建了相當於自己肚子無數倍的倉庫，這個倉庫大得他自己都帶不動，於是又把它轉換成鈔票，儲藏了鈔票就儲藏了一切。「多多益善，多多益善。」與此相反，還有一些人反對物質上的貪慾。他們認為物質世界跟精神世界是格格不入的，他們以對精神的追求來取代對物質的追求。而精神，無不打著知識與道德的幌子。「多多益善，多多益善！」他們同樣這樣叫嚷。

同是貪慾，把物質換上精神、換上知識與道德的行頭，似乎就能堂而皇之高人一等了。而最後的結果往往是殊途同歸，繞了一個大彎又轉了回來，對知識和道德的貪慾反而成為某些人追求物質財富的一種手段。

成功者認識到：物質世界是無限的，精神世界也是無限的，而我們的肉身和精神卻是有限的。以自己有限的生命去追逐無限的世界，豈不是踏上一條不歸路，把自己埋葬在蒼茫的無限之中，反而失去自身的本性嗎？有多少可有可無的追求，就有多少可有可無的缺憾、可有可無的失敗、可有可無的磨難和可有可無的恥辱，這樣反而把本來可以成功的人生變成了失敗的人生，把本來可以快樂的人生變成了痛苦的人生，把本來可以輕鬆的人生變成了沉重的人生，把本來可以健康的人生變成了病態的人生。

成功者主張，物慾橫流誠然不可取，但是清心寡慾卻也非常要不得，因為清心寡慾往往會演變成另一個層面上的貪慾。

人只需要追求他必不可少的東西，而且也以夠用為限。物質上，他有所求有所不求；知識上，他有所知有所不知；道德上，他有所為有所不為。

對於可有可無的一切，如果能做到這一步，就真的快達到獅子的智慧境界了。只要肚子吃飽，不論財富、名聲、知識還是道德的獵物從鼻子底下跑過，都視而不見。

優秀的藝術家不會把畫塗得太滿，他懂得，空白也是藝術的一部分；優秀的建築師不會把樓蓋得太擠，他懂得，綠地也是建築的一部分。既然如此，我們為什麼不學習獅子，給自己的生命也留一些空白呢？

改變的力量

改變的力量

Change to Be Better

作　　者	鍾紹華
發 行 人	林敬彬
主　　編	楊安瑜
責任編輯	黃谷光
助理編輯	許哲瑄
內頁編排	張芝瑜（帛格有限公司）
封面設計	林鼎淵
出　　版	大都會文化事業有限公司
發　　行	大都會文化事業有限公司 11051台北市信義區基隆路一段432號4樓之9 讀者服務專線：(02)27235216 讀者服務傳真：(02)27235220 電子郵件信箱：metro@ms21.hinet.net 網　　　址：www.metrobook.com.tw
郵政劃撥	14050529 大都會文化事業有限公司
出版日期	2014年02月初版一刷
定　　價	250元
ISBN	978-986-6152-21-4
書　　號	Success 070

First published in Taiwan in 2014 by Metropolitan Culture Enterprise Co., Ltd.

4F-9, Double Hero Bldg., 432, Keelung Rd., Sec. 1, Taipei 11051, Taiwan
Tel:+886-2-2723-5216 Fax:+886-2-2723-5220
Web-site:www.metrobook.com.tw
E-mail:metro@ms21.hinet.net

國家圖書館出版品預行編目(CIP)資料

改變的力量 / 鍾紹華著. -- 初版. -- 臺北市：大都會文化, 2014.02
　240 面；21×14.8 公分.

ISBN 978-986-6152-21-4（平裝）

1. 自我實現　2. 成功法

177.2　　　　103000885

大都會文化 讀者服務卡

書名：**改變的力量**

謝謝您選擇了這本書！期待您的支持與建議，讓我們能有更多聯繫與互動的機會。

A. 您在何時購得本書：______年______月______日

B. 您在何處購得本書：____________書店，位於____________(市、縣)

C. 您從哪裡得知本書的消息：

1.□書店 2.□報章雜誌 3.□電台活動 4.□網路資訊

5.□書籤宣傳品等 6.□親友介紹 7.□書評 8.□其他

D. 您購買本書的動機：（可複選）

1.□對主題或內容感興趣 2.□工作需要 3.□生活需要

4.□自我進修 5.□內容為流行熱門話題 6.□其他

E. 您最喜歡本書的：（可複選）

1.□內容題材 2.□字體大小 3.□翻譯文筆 4.□封面 5.□編排方式 6.□其他

F. 您認為本書的封面：1.□非常出色 2.□普通 3.□毫不起眼 4.□其他

G. 您認為本書的編排：1.□非常出色 2.□普通 3.□毫不起眼 4.□其他

H. 您通常以哪些方式購書：(可複選)

1.□逛書店 2.□書展 3.□劃撥郵購 4.□團體訂購 5.□網路購書 6.□其他

I. 您希望我們出版哪類書籍：（可複選）

1.□旅遊 2.□流行文化 3.□生活休閒 4.□美容保養 5.□散文小品

6.□科學新知 7.□藝術音樂 8.□致富理財 9.□工商企管 10.□科幻推理

11.□史地類 12.□勵志傳記 13.□電影小說 14.□語言學習（_____語）

15.□幽默諧趣 16.□其他

J. 您對本書(系)的建議：

____

K. 您對本出版社的建議：

____

讀者小檔案

姓名：______________ 性別：□男 □女 生日：____年____月____日

年齡：□20歲以下 □21～30歲 □31～40歲 □41～50歲 □51歲以上

職業：1.□學生 2.□軍公教 3.□大眾傳播 4.□服務業 5.□金融業 6.□製造業

7.□資訊業 8.□自由業 9.□家管 10.□退休 11.□其他

學歷：□國小或以下 □國中 □高中／高職 □大學／大專 □研究所以上

通訊地址：______________________________________

電話：（H）______________（O）______________ 傳真：______________

行動電話：__________________E-Mail：______________________

◎謝謝您購買本書，也歡迎您加入我們的會員，請上大都會文化網站 www.metrobook.com.tw 登錄您的資料。您將不定期收到最新圖書優惠資訊和電子報。

改變的
力量 Change to Be Better

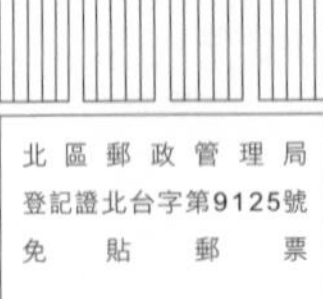
北區郵政管理局
登記證北台字第9125號
免 貼 郵 票

大都會文化事業有限公司
讀 者 服 務 部　　收

11051台北市基隆路一段432號4樓之9

寄回這張服務卡〔免貼郵票〕
您可以：
◎不定期收到最新出版訊息
◎參加各項回饋優惠活動

大都會文化
METROPOLITAN CULTURE

大都會文化
METROPOLITAN CULTURE